未来の教育を創る教職教養指針

山﨑 準二・高野 和子【編集代表】

生 徒 指 導

庄井 良信【編著】

学文社

執筆者

庄井　良信	藤女子大学	［序章，第1・2・5①・8章］
影浦　紀子	松山東雲女子大学	［第3章］
黒谷　和志	北海道教育大学	［第4章］
佛圓　弘修	広島都市学園大学	［第5章②］
髙橋亜希子	南山大学	［第6章］
富田　充保	相模女子大学	［第7章］
宮原　順寛	北海道教育大学	［コラム①・⑦］
伊田　勝憲	立命館大学	［コラム②］
池田　考司	北海道教育大学	［コラム③・⑧］
田渕久美子	活水女子大学	［コラム④］
中根　照子	釧路町立遠矢小学校・北海道教育大学（非常勤）	［コラム⑤］
龍崎　　忠	岐阜聖徳学園大学	［コラム⑥］
畠山貴代志	札幌高等学校（ＳＣ）・北海道教育大学（非常勤）	［コラム⑨］
井上　大樹	札幌学院大学	［コラム⑩］

〈執筆順〉

シリーズ刊行にあたって

　21世紀の現在，国内外ともに，就学前教育から高等教育まで，また学校教育のみならず家庭や地域における教育までも巻き込んで，教育界はさまざまな「改革」が急速に進められてきている。教師教育（教師の養成・採用・研修）全般にわたる「改革」もまた，初等・中等教育の学習指導要領改訂に連動した教師教育の内容・方法・評価の「改革」として，また教師教育を担う大学・大学院の制度的組織的「改革」をも伴いつつ，急速に進められてきている。

　とりわけ近年，「実践的指導力の育成」というスローガンの下で，ともすると養成教育の内容と方法は，実務的・現場体験的なものに傾斜し，教職課程認定における行政指導も次第に細部にわたって強まってきている。さらに，「教員育成指標」「教職課程コアカリキュラム」の策定が行政主導で急速に進行しているが，教師教育の営みを画一化・閉鎖化しかねないと強い危惧の念を抱かざるを得ない。

　そのような教育全般および教師教育の「改革」状況のなかで，今回の新シリーズ「未来の教育を創る教職教養指針」を，主に大学等での養成教育における教職関連科目のテキストとして企画・刊行することにした。そして，以下のような2点をとくに意識し，現職教師の自主的主体的な研究活動も視野に入れて，本シリーズを，各巻編者も含めた私たちからの，教師教育カリキュラムの1つの提案としていきたい。

　①教育学や心理学という学問内容の体系性ではなく，あくまで教師教育という営みにおけるカリキュラムの体系性を提起することを直接的な目的としているが，過度に実践的実務的な内容とするのではなく，教師自身が教育という現象や実践を把握し，判断し，改善していくために必要不可欠とな

るであろう，教育学・心理学などがこれまでに蓄積してきた実践的・理論的研究成果（原理・原則・価値，理論・概念・知識など）を提起すること。

　同時に，即戦力育成を目的とした実務能力訓練としての「教員育成」ではなく，教育専門職者としての発達と力量形成を生涯にわたって遂げていくための教師教育を志向し，そのために必要不可欠な基盤づくりとしての養成教育カリキュラムの1つのあり方を提案するものでもあること。

②現在，教職課程認定行政のなかで「教職課程コアカリキュラム」が示され，すでにその枠組みの下で再課程認定が進められてきている。本シリーズは，本来，上記「コアカリ」という枠組みに対応するべく企画・編集されたものではないが，扱う内容領域としては，上記「コアカリ」の内容にも十分に対応し，さらにはそれを越える必要な学習を修めることができるものを構築すること。

　ただし，「教職課程コアカリキュラム」との関係については，本シリーズの各巻・各章を"素材"として各授業担当者の判断・構想によるべきものであるので「対応表」的なものを示してはいない。なぜなら，「コアカリ」の〇〇番目に該当する□□章△△節を扱ったから同項目内容の学習は済んだという思考に陥ったとき，教師教育の担当者は自らの教師教育実践を研究的に省察の対象とすることを放棄してしまうことになるのではないか。さらには，そのような教師教育からは社会の変化が求めている自主的主体的な研究活動に立脚した"学び続ける"教師は育ちえず，たとえ育っているようにみえてもそこでの教育実践研究は既存の枠組みのなかでのテクニカルなものに限定されがちになってしまうではないかと代表編者は考えているからである。

　最後に，本シリーズ名とした「未来の教育を創る教職教養指針」のうちの「教職教養指針」という用語について，説明しておきたい。同用語は，19世紀プロイセン・ドイツにおいて最初に教師養成所（Lehrerseminar）を創設し，自らその校長として教師教育の発展に尽力するとともに，以後の教育学・教科教育学および教師教育学などの理論的構築にも寄与したディースターヴェーク（Diesterweg,F. A. W., 1790-1866）の主著『ドイツの教師に寄せる教職教養指針

(Wegweiser zur Bildung für Deutsche Lehrer)』（初版1835年）から採ったものである。正確に述べておくならば，今日的な直訳は「ドイツの教師に寄せる陶冶のための指針」であるが，日本におけるディースターヴェーク研究・西洋教育史研究の泰斗・長尾十三二博士による訳語「教職教養指針」を使わせていただいた。ディースターヴェークの同上主著は，その後彼が没するまでに4版が刊行され，次第に質量ともに充実したものとなっていったが，当時の教育学や心理学，教科教育学やその基盤を成す人文社会科学・自然科学・芸術など各学問分野の第一級の研究者を結集して創り上げていった「ドイツの教師（それは，近代的専門職としての確立を意味する呼称である Lehrer ＝教師：現職教師および教師志望学生たちも含める）」に寄せる「教職教養指針」なのである。同書では「教師に関する授業のための諸規則」も詳述されているが，その最後の箇所で，それらの諸規則を真に認識するためには行為（実践）が必要であること，「最も正しい根本諸原理を自分の頭で考えて理解し応用すること」によってはじめて状況に対応した教育的な機転・判断能力が育成されるのだと強調されている。本テキスト・シリーズも，そういう性格・位置づけのものとして受け止め，活用していただきたいと願っている。

　本シリーズがディースターヴェークの同上主著と同等のものであるというのはあまりに口幅ったい物言いであるといえようが，しかし少なくとも本シリーズ企画への思いは彼の同上主著への思いと同様である／ありたい。そういう意味では本シリーズは「現代日本の教師（研究を基盤にすえた高度な専門職をめざし日々研鑽と修養に励む現職教師および教師志望学生たち）に寄せる教職教養指針」である／ありたいのである。

　本シリーズが，大学のみならず教育実践現場や教育行政において教師教育という営みに携わる教育関係者，教職課程を履修する学生，さらには教育という営為・現象に関心を寄せる多くの方々にも，広く読まれ，活用され，そして議論の素材とされることを願っている。

　2018年10月

シリーズ編集代表　山﨑　準二・高野　和子

目　次

序　章

教育者(educator)としての専門性を高めるために

1 語り合って希望を紡ぐ

　小説家のルイ・アラゴン（Aragon, L.）は『フランスの起床ラッパ』（1945）という詩集の中で「教えるとは希望を語ること，学ぶとは誠実を胸に刻むこと」（Enseigner c'est dire espérance étudier fidélité）という詩句を残している。これは，1940年代に，第二次世界大戦の戦渦に巻き込まれる中で綴られた詩の言葉である。耐え難い悲しみと擾乱にあっても「学問」を探究する大学があることへの希望を謳った言葉である。

　アラゴンの時代とは異なるが，私たちは今，貧困と格差が拡大し，新型コロナウイルス感染症や大規模な自然災害への不安，国家間や民族間に生じる国際緊張が高まる社会を生きている。このように複雑で不安定な社会状況は，陰に陽に日本の子どもたちの生活環境と心の世界に少なくない影響を与えている。居場所を失い，「生きづらさ」を抱えた子どもや若者が増えた。その一方で，葛藤を伴う情動と向き合い，その「揺れ」を受け容れながら，この時代を懸命に生きる人々も増えた。

　現代は，さまざまな意味において危機（crisis）の時代である。この危機を生きる子どもの声は，多くの場合，おずおずとか細い。困難や葛藤に曝されながらも，安心と平和を希求している子どもの声に，生徒指導を担う教師はどのように応答できているだろうか。変化が激しく未来への予測が困難な現代社会において，いま，教師は，自分に嘘のない言葉で，どのように希望を語り合えているのだろうか。どうしたら，ともに誠実を胸に刻み合う指導や支援ができるのだろうか。このような問いが，いま，学校や地域で生徒指導を担う教師たちに生まれ始めている。

2 新しい時代の生徒指導イメージ

　ところで，生徒指導という言葉に，あなたはどのような印象を抱いているだろうか。この言葉に，怖いというイメージをもつ人もいれば，人間としての温もりや信頼をイメージする人もいるかもしれない。学校教育の現場でも，生徒指導という言葉に，抑圧的で否定的なイメージを抱く教師がいる一方で，共感的で肯定的なイメージをもつ教師もいる。子どもにとっても，生徒指導という言葉は，厳しく聞こえるときもあれば，優しく聞こえるときもある。危機の時代を生きる私たちに，教師の生徒指導という言葉は，なぜこれほど二律背反でアンビバレントな印象を与えているのだろうか。

　実際，現代社会において，生徒指導が，威圧的な指示・命令・禁止を伴って，教師から子どもへの一方的な力による管理・統制になってしまうことも少なくない。悲しいことに，教育という場におけるパワー（権力）の濫用は，子どもの権利や人権を侵害する事態を招きやすい。例えば，理不尽な「校則」の問題，教師から子どもへの体罰・暴言やハラスメントの問題，子どもの生命（いのち）をも脅かしかねない「指導という名の暴力」の問題は，「生徒指導提要」（2022）の第Ⅱ部「個別の課題に対する生徒指導」（pp.119-289）でも，数多くの事例が取り上げられている。

　また，教師と子どもの間のパワーの濫用は，子どもどうしのパワーの濫用に転化しやすい。教育におけるパワーの濫用は，学校の教室や，地域の子どもどうしの関係性にも大きな影響を与える。例えば，他者への同調圧力（いつも多くの他者と「同じ」でなければならない，あるいは，フツウでいなければならないという自己抑制への圧力）が蔓延する集団では，個人の尊厳が犠牲にされ，少数者（minority）の人権が蹂躙されやすくなる。そして，多数者（majority）が志向する権力構造の中に，ピラミッド型の暴力的な階層（スクールカースト）が生まれやすくなる。教師から子どもへの権力の濫用は，子どもどうしの権力の濫用の常態化を招く。いま，このような環境が「いじめ」問題の一つの大きな淵源になっていることも看過できない。

　その一方で，生徒指導において，子どもたちが安心してケアし合い，育ち合

い，学び合う豊かな教育的関係性を大切にしてきた教師たちも少なくない。「生徒指導提要」（2022，p.25）で「指導においては，あらゆる場面において，児童生徒が人として平等な立場で互いに理解し信頼した上で，集団の目標に向かって励まし合いながら成長できる集団をつくることが大切です。」と指摘され，いくつかの条件を基盤とした集団づくりを行うことが推奨されている。その冒頭の条件が「安心して生活できる」ことを基盤にした集団づくり，となっていることに，いま，改めて注目する必要がある。さまざまな葛藤が生じたとしても，安心して他者との信頼関係（ラポール）を自ら再構築できる集団を育てることも，生徒指導の重要な課題だからである。

3 「生徒指導提要」（2022）と教育政策

（1）学習指導要領の改訂と令和の日本型学校教育

　2022（令和4）年12月に，文部科学省から生徒指導の概念や取り組みのガイドラインを整理した「生徒指導提要」（以下，必要に応じて「提要」（2022）と略す）が改訂された。その背景には，国内外の複雑な社会状況の変化と，それに伴う子どもの具体的な生活状況の変化があった。また，それと連動する日本の教育政策のさまざまな動きがあった。

　「提要」（2022）の改訂に先立って，2017（平成29）年から2018（平成30）年に，日本では，初等教育および中等教育における教育課程の基準となる「学習指導要領」（文部科学省の告示）が改訂された。この改訂には，次の4つの要点があった。第1は，「社会に開かれた教育課程」が重視されたことである。つまり，学校と社会との有機的な対話と協働が推奨されたことである。第2は，子どもに育てたい「資質・能力の3つの柱」が整理されたことである。つまり，「知識及び技能」「思考力・判断力・表現力など」「学びに向かう力，人間性など」の3つの柱からなる「資質・能力」を総合的にバランスよく育んでいくことが目指されたことである。第3は，これらの資質・能力を育成するための教科横断的学びや，主体的・対話的で深い学びが推奨されたことである。第4は，教師が子ども（幼児・児童生徒）や学校・地域の実態を把握して，教育課程を

構想・実施・評価していくカリキュラム・マネジメントが強調されたことである。

　この学習指導要領の全面実施と並行して，2021（令和3）年に，中央教育審議会は，「「令和の日本型学校教育」の構築を目指して〜全ての子供たちの可能性を引き出す，個別最適な学びと，協働的な学びの実現〜」（中教審第228号）を答申し，急激に変化する時代の中で，子どもに育むべき資質・能力と，それを育むための課題を整理した。この総論では，今後の方向性として，すべての子どもたちの知・徳・体を一体的に育むため，これまで日本の教育が大切にしてきた，学習機会と学力の保障，社会の形成者としての全人的な発達・成長の保障，安全安心な居場所（セーフティネットとしての身体的，精神的な健康）の保障を，学校教育の本質的な役割として再認識することが明記された。「令和の日本型学校教育」（答申）に記されたこの基本方針も，改訂された「生徒指導提要」（2022）に反映されている。

（2）専門的力量の高度化政策

　教師教育（教員養成）の政策では，2012（平成24）年8月に，「新たな未来を築くための大学教育の質的転換に向けて〜生涯学び続け，主体的に考える力を育成する大学へ」，2015（平成27）年12月に，「これからの学校教育を担う教員の資質能力の向上について〜学び合い，高め合う教員育成コミュニティの構築に向けて」という2つの答申が中央教育審議会から出された。これを受け，2016（平成28）年の「教育公務員特例法等の一部を改正する法律」に基づいて，各自治体において，現職教師の発達段階（キャリアステージ）を描く教員育成指標が取りまとめられた。

　また，2017（平成29）年には，教員の「養成・採用・研修」の一体化を促進するビジョンとして，教員養成段階の目標と内容を示す教職課程コアカリキュラムが公表された。その中に，「道徳，総合的な学習の時間等の指導法及び生徒指導，教育相談等に関する科目」群が整序され，「生徒指導の理論及び方法」「教育相談（カウンセリングに関する基礎的な知識を含む）の理論及び方法」「進

路指導及びキャリア教育の理論及び方法」等の中心となる課程が明示された。これらのコアカリキュラムと本書における各章およびコラムとの関連は，本書の巻末資料に示している。

　このコアカリキュラムでは，教員の専門性を支える重要な要素の一つに地域のさまざまな対人援助職の人々との対話と協働が必要であることも確認されている。具体的には，コミュニティ・スクールや地域と学校の協働活動の推進が重視されている。また，学校内の教職員と地域の多様な専門職（スクールカウンセラー［SC］，スクールソーシャルワーカー［SSW］等）との多職種連携を促進すること（チーム学校）も推奨されている。これらの政策と生徒指導との関係については，「提要」（2022）「1.1.1　生徒指導の定義と目的」，「1.3.4　チーム支援による組織的対応」，「1.4.2　生徒指導マネジメント」および第Ⅱ部「個別の課題に対する生徒指導」などに詳しく記述されている。

（3）子どもの権利条約とこども基本法

　幼児教育を含む初等教育に関する政策では，2012（平成24）年8月に「子ども・子育て関連3法」が成立した。その後，2015（平成27）年4月から「子ども・子育て支援新制度」が本格施行され，2019（令和元）年に「子ども・子育て支援法」が改正された。そして幼児教育と保育が「無償化」された。中央教育審議会に，2021（令和3）年7月に「幼児教育と小学校教育の架け橋特別委員会」が設置され，保幼小の連携と接続が重要な政策課題になった。

　2022（令和4）年6月に，子どもに関する施策を総合的に推進することを目的として「こども家庭庁設置法」「こども家庭庁設置法の施行に伴う関係法律の整備に関する法律」および「こども基本法」が公布され，2023（令和5）年4月から施行されることとなった。「こども基本法」（令和4年法律第77号）の第1条には，この法律の目的が次のように記されている。

> 　この法律は，日本国憲法及び児童の権利に関する条約の精神にのっとり，次代の社会を担う全てのこどもが，生涯にわたる人格形成の基礎を築き，自立した個人としてひとしく健やかに成長することができ，心身の状況，置かれている環境

等にかかわらず，その権利の擁護が図られ，<u>将来にわたって幸福な生活を送ることができる社会の実現を目指して，社会全体としてこども施策に取り組むことができるよう，こども施策に関し，基本理念を定め，国の責務等を明らかにし，及びこども施策の基本となる事項を定めるとともに，こども政策推進会議を設置すること等により，こども施策を総合的に推進することを目的とする。</u>　（下線は筆者）

　上記の「児童の権利に関する条約」は，子どもの権利条約とも呼ばれ，1989年11月に国連総会で採択され，1994年4月に日本も批准している。国際連合児童基金（UNICEF：United Nations Children's Fund）によると，この条約は，子どもの基本的人権を国際的に保障するために定められた条約であり，18歳未満の児童（子ども）を「権利をもつ主体」として位置づけ，おとなと同様に，ひとりの人間としての人権を認めるとともに，成長の過程で特別な保護や配慮が必要な子どもに特有な権利も定めているものである。子どもの権利条約は，前文と本文54条からなり，子どもの生存，発達，保護，参加という包括的な権利を実現・確保するために必要な具体的事項を規定している。

　子どもの権利条約では，以下の4つの原則が確認されている。

①　**生命，生存及び発達に対する権利**：すべての子どもの命が守られ，もって生まれた能力を十分に伸ばして成長できるよう，医療，教育，生活への支援などを受けることが保障されること。

②　**子どもの最善の利益**：子どもに関することが決められ，行われる時は，「その子どもにとって最もよいことは何か」を第一に考えること。

③　**子どもの意見の尊重**：子どもは自分に関係のある事柄について自由に意見を表すことができ，おとなはその意見を子どもの発達に応じて十分に考慮すること。

④　**差別の禁止**（どの子どもも差別されないこと）：すべての子どもは，子ども自身や親の人種や国籍，性，意見，障がい，経済状況など，どのような理由でも差別されず，条約の定めるすべての権利が保障されること。

　これらの子どもの権利条約の基本精神に則り，2013（平成25）年に，いじめ防止対策推進法が，2016（平成28）年に障害者差別解消法が施行された。これ

らの法律とその理念は，「提要」(2022) 1.5 に「生徒指導の取組上の留意点」
(1.5.1 児童生徒の権利の理解) に記述されている。そして「提要」(2022) 第
Ⅱ部「個別の課題に対する生徒指導」を貫く基本的な理念として位置づけられ
ている。

4 「生徒指導提要」(2022) に対応した新しい教職教養指針

　本書は，シリーズ「未来の教育を創る教職教養指針」の第 10 巻として編集
された。教職教養の中で，とくに高度で総合的な専門性が求められる生徒指導
とは何か，その専門性を支える指針となるものは何か，という問題について，
子どもの権利条約の理念に基づき，改訂された「生徒指導提要」(2022) の要
点を踏まえ，教職課程コアカリキュラムと教員育成指標を視野に収めて編集さ
れたものである。

　本書は，生徒指導に関する一つのテキストである。しかし，本書は，大学や
大学院等で学ぶ学生にとっても，そこで教鞭を執る大学教員にとっても，それ
ぞれの「学問の自由」と，問うべき問いの探究を保障された環境で活用してい
ただけるように構成されている。

　本書の特長は 3 つある。

　ひとつは，各章ごとに，できるだけ深いリアリティーのある生徒指導の事例
やエピソードの記録を紹介していることである。臨床的な教育実践の事例から，
読者がそれぞれの問いを立ち上げられるように工夫している。それは，生徒指
導への臨床教育学的なアプローチの試みでもある。なお，本書で取り上げた事
例やエピソードの記録は，登場人物をすべて仮名で表記するなどし，個人情報
を保護しながら，そのリアリティを失わないように再叙述している。これは，
国際的なナラティブ研究の倫理に準拠して掲載しているものである。

　2 つは，生徒指導のガイドラインとして 2022 年に改訂された「生徒指導提
要」(文部科学省) の内容に対応していることである。本書は，「提要」(2022)
の概要を俯瞰し，その要点を全体として網羅できるように編集されている。子
どもと教育に関わる諸政策の動向を視野に収め，常に子どもの社会的・関係論

的存在論（social/relational ontology）の視点から，問いを立ち上げている。また，子どもの生徒指導を担い，日々悩みながら学び続けている教師の視点から，生徒指導の多様で豊かな実践が創造できるように配慮している。

　3つは，教師を目指す学生はもとより，現職として働く教師が，生徒指導について生涯にわたって学び続ける専門家になれるように，また，地域の人々と多職種協働で学び続ける教育者（educator）としての専門性を磨くことができるようにという願いを込めて編集していることである。生徒指導の専門性を支える支柱が，地域において多様な立場の人々とともに学び続ける経験だと考えたからである。

　これらの意図が本書で十分に達成されたかどうかはわからない。しかし，このテキストが，いま，危機と激動の時代を生きる子ども，保護者，そして教師たちのウェルビーイング（well-being）を促進し，未来への予測が困難な時代に求められる生徒指導の羅針盤を探究するための一助となれば幸いである。

第1章

生徒指導とは何か─ウェルビーイングの探求─

はじめに

　教職には，高度で総合的な専門性が求められる。教師の仕事は，子どもに既存の知識や技能を教えること（teaching）だけではない。子どもの権利（人権）を尊重し，尊厳ある子どもを存在そのものとして尊重し，その子どもが社会の中で自分らしく生きられるように支援し，指導すること（educating）も，教師の重要な職能である。

　文部科学省の「生徒指導提要」（2022）では，「生徒指導とは，児童生徒が，社会の中で自分らしく生きることができる存在へと，自発的・主体的に成長や発達する過程を支える教育活動のことである。なお，生徒指導上の課題に対応するために，必要に応じて指導や援助を行う。」と定義されている。

　では，生徒指導を担う教師に求められるエデュケーター（educator）としての専門性とは何であろうか。この問いを探究する端緒として，この章では，生徒指導の実践に関するいくつかのエピソード記録（小さな物語）を紹介したい。そのうえで，今日の生徒指導で問うべき問いの全体像について概観したい。

1　子ども理解の叡智（フロネーシス）

（1）倫理的応答と思慮深さ

　子どものメッセージには，顕在的なものと潜在的なものがある。その中には，社会規範からの著しい逸脱や自他への暴力行為のように，教師から見えやすいものもあるが，生きづらさや孤立感のように，教師から見えにくいものもある。一見すると「何も問題がない」ように見える子どもの行動の背後に，教師への「深い問いかけ」が隠れていることもある。

例えば，大切にしてほしい他者から，不適切な処遇（maltreatment）や虐待を受け，心的外傷を負った子どもの中には，他者に怯える行動をとる子どももいるが，人懐っこく笑顔を絶やさない子どももいる。また，明るく見えると思っていたら，その明るさが，壊れそうな自分を守るための涙ぐましい演技であったことに気づくこともある。親密な他者とのかかわり合いの中で自分らしく在ることが難しく，他者への同調と過剰適応（over-adaptation）を繰り返し，耐え難いストレスをため込んでいる子どももいる。

　断続した（ときに強烈な）ストレスによって蓄積した不安や葛藤が，子どもが対処できる心理的許容量を超えそうになると，子どもはそれを身心の不具合や，自己や他者への突発的暴力として表出することがある。これを心理学ではアクティング・アウト（acting-out）という。自分で制御できない情動が不意に湧き起こる感覚は，大人だけでなく，子どもにとっても不可解な体験であることが多い。なぜ，あのとき，自分の身体が突然不調になってしまったのか，なぜ，あのとき，自分は思いもしなかった（他害的・自傷的）行動を取ってしまったのか，その理由が自分でもよくわからないことも多い。

　教師にとって，子どもの突発的な情動の表出に隠れた援助要請のメッセージに気づくことは難しい。それを理解しながら指導することはさらに難しい。このような子どもの突然の援助要請のメッセージと出会うたびに，教師は，その場で戸惑い，葛藤し，その意味を推し量りながら，刻々に応答しなければならない。教師は，これまでの経験を活かしながらも，憶測や偏見を捨て，そこに「居る」子どもと刻々に出会い直し，その場で責任ある応答をしなければならない。人が人を育てる場には，暴力・虐待・恫喝のようなパワーの濫用を排した倫理的な関係性も求められる。生徒指導には，ある種の教育的思慮深さが求められるのである（第1章のコラム参照）。

（2）生徒指導のエピソード記録

　次に，生徒指導に関する3つのエピソード記録（小さな物語）を紹介しながら，教師の生徒指導の実践において刻々にどのような倫理的応答と，教育的思

慮深さが求められるのか，という問いについて考えたい。

　なお，本章で例示するエピソード記録は，200X 年に，筆者が参画した
フィールド調査における複数の参与観察記録を再叙述したものである。序章で
も述べたように，個人情報保護のため，紹介するエピソードの登場人物はすべ
て仮名で表記している。また，現実性を失わないことを顧慮し，必要に応じた
虚構化を行っている（以降の各章でも同様）(Clough 2002)。

［事例１］　高ぶる感情への穏やかな寄り添い

　ひとつ目のエピソードは，ある小学校１年生の教室での出来事である。月曜
日の朝，１時間目の授業のときだった。国語の授業で，新しく習ったばかりの
漢字を，４人の小グループで確認し合う話し合い（班活動）をしていたときの
ことだった。

　　あるグループの花子さんが，突然，感情が高ぶって，同じグループの友だ
ち全員の筆箱，ノート，教科書をすべて教室の床にたたき落としてしまっ
た。大きな音が教室中に響き渡り，一瞬，クラス全体が静まった。学級担任の教
師はその場へ赴き「どうしたの？」と落ち着いた声で尋ねた。花子さんは自
分の机に顔を伏せたまま，低い声で泣いていた。同じグループの他の３人の
子どもたちも，いま，いったい何が起きたのか，自分たちはどうすれば良い
のか，わからないまま呆然としていた。

　実は，このとき花子さんの担任の教師は，次のように考えていた。この地域
の中で，深い事情を抱えて育っている花子さんにとって，教室の学び合い（学
習集団）の輪の中から孤立することは，恐怖を伴う不安だったのではないだろ
うか。生活の中で自分の「居場所」をなくし，それを教室という学び合いの輪
の中で探索していた花子さんにとって，授業で最も身近な他者と触れあう教室
の小グループという場（班活動）は，自分という存在（being）を支えてくれる
最後の砦だったのではないだろうか。

生活に深い事情を抱えている花子さんにとって，休日明けの月曜日の1時間目は，最も心が不安定になりやすい時間だったのかもしれない。そのようなときに，学び合う輪の中から孤立してしまうかもしれないという花子さんの予期不安（anticipatory anxiety）は，他の子どもたちよりも深かったのかもしれない。こうした不安や葛藤が，花子さんの心理的な許容量をこえて溢れだし，行動化してしまったのではないだろうか。そう考えた教師は，授業の中で次のような応答（生徒指導）をした。

　教師は，花子さんの小さな肩にそっと手を添えながら，同じグループやクラスの子どもたちの心にも響くように，大きく深呼吸をして，そして穏やかな声で「せつないね……」と言葉をかけた。それは，花子さんの心に寄り添い，その思いをかみしめるような語りだった。しばらくの間，沈黙がつづいた。花子さんの身体の緊張が少し緩みはじめたころ，教師は，「じゃあ，みんなで拾おうか……」と静かに語った。すると，周りの子どもたちもひとり，またひとりと，床に落ちた文房具を拾いはじめた。

　もとより，これはある地域，ある学校，ある教室の生徒指導のエピソードである。したがって，このような教師の子ども理解や，それを背景とした応答の仕方を，安易に一般化することはできない。生徒指導に関するこのような臨床的実践は，その状況における複雑な文脈や，子どもの理解という文脈を離れて，マニュアル化することはできない。しかし，この教師が，花子さんの不安や葛藤を理解しようと努め，学びの輪に参加したいという花子さんの願いに寄り添って理解しようとしたこの実践から，生徒指導という世界の奥深さが見えてくるのではないだろうか。

［事例2］　明るくハイテンションな振る舞い
　2つ目のエピソードは，ある公立中学校2年生の教室での出来事である。当時，学校に通うことが辛く，いつも深い「生きづらさ」を感じていた賢治さん

という 14 歳の生徒がいた。その生徒が所属している教室で，２時間目と３時間目の間の少し長い休み時間に，次のような出来事があった。

　授業中は，生徒たちの身体いっぱいに緊張がはしっていた。ところが，生徒たちは，休み時間になったとたんに，ある種の躁状態になっていた。ある男子生徒がすぐ近く（目の前）にいる友人に，ハリのある大声で「おーい，おまえさあ，おれの友だちだよな！」と叫ぶと，呼びかけられた生徒が「おお，友だち！　友だち！」と語尾を上げながら叫びかえしていた。その子だけでなく，クラス全体の雰囲気が，異様にハイテンションだった。このクラスの担任として生徒指導を担当していた教師は，このような子どもたちの雰囲気の中に身を置いているだけで，自分の心とからだが張りつめてくることを感じた。教師は，「明るくハイテンションに見えるこの子どもたちは，もしかすると，休み時間に身心が休んでいないのではないか」と感じざるをえなかった。

　この教室に，14 歳の賢治さんがいた。賢治さんは，何事にも一生懸命に頑張る生徒だった。賢治さんのクラスでは，これまで問題らしい問題は起きていなかった。目立った逸脱行動や暴力行為もなく，学校生活への不適応行動が顕在化することは，ほとんどなかった。

　例えば，この教室では，授業開始のチャイムが鳴る前に，ほぼ全員が着席していた。子どもたちの身体は緊張していたが，授業中も私語はなく，ほとんどの子どもは，斜め 45 度の前傾姿勢のまま真っ直ぐな眼差しを教師に送っていた。しかし，授業が終わり，休み時間になると，教室の子どもたちの空気が一変した。教室が，まるでお祭り騒ぎのような喧噪に包まれた。その場は，明るくテンションが高い雰囲気（ある種の「躁的防衛」が交錯する舞台）であったが，よく見ると，生徒たちの肩から首筋に強い緊張が走っていた。

　ある日の放課後，賢治さんが教室に残っていた担任教師に，「父さんも母

さんも知らないだろうな……きっと先生も知らないと思うよ。おれたちがさ，がんばって，がんばって，「フツウ」していること……」とつぶやいた。教師が「がんばって，がんばってフツウするってどういうこと？」と尋ねると，「それは決まっているよ，明るくてさ，元気でさ，いつも前向きでポジティブって感じになること。それからさ，軽いジョークなんかを上手に飛ばせてノリがいいとなおいいよ。けっこう疲れるんだけどね……」とため息交じりに答えてくれた。

　賢治さんは，その休み時間も，違和感の多い雰囲気に身を曝し，仲間と一緒に大声を出して笑い合っていたが，絶えず緊張を抱えながら，じっとその時が過ぎることを待っているようにも見えた。14歳の賢治さんは，このような環境の中で，「がんばって，がんばって，フツウする」ことに腐心し，そうしなければ仲間から外されてしまうかもしれないと怯えながら休み時間を過ごしていたのかもしれない。そうだとすれば，これは，はたして子どもの育ちに相応しい教室環境だといえるのだろうか。一見すると「何も問題が起きていない」ように見える教室の中で，深い「生きづらさ」を抱えている子どもたちと出会ったとき，学校で生徒指導を担う教師に何が求められているのだろうか。

[事例３]　創造的な芸術療法による癒し
　３つ目のエピソードは，ある小学校２年生の教室での出来事である。この教室に，生活の中で強い緊張を抱えた幸太さんがいた。ある日，幸太さんは，午前中の少し長い休み時間に，顔を赤らめ，頬をほてらせながら，自分の机で一生懸命に何かの絵を描いていた。そこには，周りの子どもたちを寄せ付けない独特の雰囲気があった。しばらくして，幸太さんは，教卓にいた担任の真美先生のところに駆け寄り，息を切らして「先生，この絵を見て！」と，自分が書いた絵を見せた。そこに描かれていたのは，２つの生き物が危険なものを持って向かい合っている姿だった。

真美先生は，その絵をじっと見つめて，戸惑った。しかし，真美先生は，その戸惑いを隠すことはなかった。深く呼吸をして，しばらく沈黙した。そして，幸太さんの傍らに立ち，彼が描いた絵を見つめて，「ああ……怖いね……」と穏やかな口調で語り返した。その様子をじっと見ていた幸太さんの荒れた呼吸が，ゆっくりと静まっていった。

　幸太さんは，自分が描いた怖い絵と，それを一緒に見てくれた真美先生の顔を交互に確認すると「先生，ちょっと待っていてね！」と言って，自分の机の中にしまってあった道具箱から一本のクレヨンを取ってきた。そして，先生の目の前で，自分が描いた怖い絵を，濃い紫色のクレヨンで塗りつぶしていった。真美先生は，その場を共有しながら，その様子を何も言わずにじっと見ていた。この後，しばらくの沈黙が続いた。

　少し落ち着いた幸太さんは「先生，これに怪獣の絵を描いて！」と言ったので，真美先生は，紫色に塗りつぶされた紙の上に，白いクレヨンで，丸っこい怪獣の絵を描いた。その丸っこい怪獣は，真美先生の自画像で，とても優しい雰囲気の絵だった。すると，幸太さんはふっとため息をついて，その絵を四つ折りにして，その小さな胸にそっと抱いて，自分の席に戻っていった。それからしばらく，その絵は，幸太さんの宝物（心のお守り）になった。その後，教室で不安と緊張が高ぶると，その絵の上に自分の手をそっと添えて「大丈夫……大丈夫……」，とつぶやいている幸太さんの姿がたびたび見られた。

　このとき，担任の真美先生は，当時，複雑な事情を抱えて生きていた幸太さんの突発的な情動の表出（絵を描きながら呼吸を荒くする姿）に戸惑った。そのように戸惑う自分も受け容れようと試みた。だから，いきなり怖い絵を見せに来た幸太さんを制止することはしなかった。むしろ，安心と安全が保障できる場で，幸太さんの傍らに居て，幸太さんの情動の絵画への表出・表現をそっと

見守った。それは，ある意味では，創造的な芸術療法（山中ら 1998）に近い生徒指導の空間であった。

　安心と安全が保障された場で，幸太さんは，自分の心の器から溢れそうになっていた恐怖を絵画に表出・表現し，それを信頼できる他者（真美先生）と分かち合った。そして，その恐怖という情動とゆっくり向き合い，落ち着きを取り戻していった。自分が生活の中で曝され続けている恐怖の感情におずおずと気づき，時間をかけてその感情とつき合い，そこに新たな意味を創造していくという心の仕事を，このとき幸太さんは経験していたのではないだろうか。

２ 生徒指導の概念―淵源とその歴史的展開

（１）英訳が難しい概念

　ここまで，生徒指導に関する３つのエピソード記録を紹介した。これらのエピソードは，日本の学校で，筆者とともに子ども理解を深め合い，ともに取り組むべき生徒指導を学び合っていた教師たちの指導場面である。これらの「小さな物語」が生まれた背景には，多くの先人たちが時間をかけて，歴史的に蓄積してきた生徒指導の叡智（理念と実践が豊かに往還した経験）が凝縮して織り込まれていた。固有な事例やエピソードを教育学として思慮深く，また意味深く捉え直していくためには，生徒指導を探究し続けた先人たちの理論と実践について学ばなければならない。

　はじめに，生徒指導の言葉の源泉（その概念が生まれた背景）について，概観したい。よく知られているように，「生徒指導」という概念を英訳することは難しい。いまから 80 年以上前の 1940 年代後半，文部省（当時）の官僚が，"pupil guidance" を生徒指導と訳したことが，日本におけるこの生徒指導という術語の始まりだと考えられている。しかし，今日の生徒指導を当時のまま "pupil guidance" と英訳することはできない。生徒は"student"と訳せるからといって，生徒指導を "student guidance" と英訳しても，海外の人々にその真意は伝わりにくい。もし，生徒指導を「意訳」するとすれば，生徒の人生のためのガイダンスとカウンセリング（guidance and counseling [for one's life]）と表

現できるかもしれない。しかし，この意訳でも，アメリカから移入され，日本という独自な風土で使用され続けた生徒指導という歴史的な概念を英訳することは難しい。

　北米で教師教育（現職教育を含む）を担う大学でも，必修または選択必修として"guidance and counseling"という科目は数多く開講されている。しかし，その場合でも，ガイダンスとカウンセリングは，それぞれに固有な学問体系をもっていることに注意が払われている。20世紀前半のガイダンス理論の背景には，デューイ（Dewey, J.）の哲学とその影響を受けた教育学（人間の主体性の尊重と民主主義的な社会改革の理念）の思想とその先導的実践があった。当時のカウンセリング理論も，ロジャーズ（Rogers, C. R.）をはじめとするさまざまな「来談者中心的アプローチ」（後に「人間中心的アプローチ」）の心理学の考え方をはじめ，行動主義の心理学，精神分析の心理学，それらを総合した精神医学の考え方などからも複合的な影響を受けていた（第2章を参照）。

　また，一般に，幼児教育や高等教育で，生徒指導という言葉が用いられるケースは稀である。幼児教育では，子ども理解と発達援助（子どものケアと育み）が生徒指導に近い。近年の高等教育では，学生支援またはキャリア支援が，生徒指導に近い概念である。これらは，学生の特性，生活環境，ライフ・キャリア等を総合的に理解し，支援することを意味している。

（2）原型としてのガイダンス理論

　戦後間もなく，日本におけるガイダンス理論は，アメリカの民間情報教育局（CIE）の指導のもとで研究が始められ，その成果が1948（昭和23）年に「指導」（ガイダンス）という文書として公刊された。また，1947（昭和22）年度から，戦後の大学の教育学部で働く教職員を対象に全国規模の「講習会」が実施された。同年に施行された「教育基本法」（旧法）と時を同じくして，全国の大学に，戦後初期のガイダンス理論が紹介された。この講習会の報告書（『大学教育学部教授長期講習会報告書』）では，ガイダンスの目的が次のように記述されている。

１．ガイダンスの直接目的：個人が人生において遭遇する個々の具体的問題の解決において助力することである。（イ）<u>消極的目的</u>，既に生じた現在の不適応を矯正し，治療するために与へられる助力である。（ロ）<u>積極的目的</u>，現在及び将来の生活に於ける不適応を予防し，より賢明な生活計画を為し得る為に与へられる助力である。
　　２．ガイダンスの究極目的：個々の具体的問題の解決を通して，<u>自らが自らの問題を自律的に解決し得る，民主社会の自由人を育成することである。即ち自己統制，自己指導がガイダンスの究極の目的</u>である。それは教育の究極目的と相通ずるものである。

　　　　（下線は筆者。なお翻訳されたこの資料の表記は，当時のまま記載している）

　この資料から，すでにこの時期に，その後の日本における生徒指導に関する理論の原型が形成されつつあったことが読み取れる。例えば，ガイダンスにおいては，個々の人間が，それぞれの人生で遭遇する「具体的問題」の解決のために支援することが最も直接の（実践的な）目的であると言明されている。そのために２つの目的が定立されている。ひとつは，すでに起こっている不適応からの「矯正」や「治療」という消極的目的であり，もうひとつは，これから起こりうる問題を「予防」し，将来，より良い生活を送れるようにするための援助という積極的目的である。

　また，当時のガイダンスの目的は，「自らが自らの問題を自律的に解決し得る，民主社会の自由人を育成すること」だと言明されている。さらに自己統制・自己指導が，教育の究極の目的と合致していると理解されている。このガイダンス理論の原型は，その後，さまざまな民間の教育研究活動の中で，多様な方向性をもって展開された。例えば，戦後に復興した生活綴方教育の理論，ペスタロッチ（Pestalozzi, J. H.）の思想から影響を受けた生活教育の理論，マカレンコ（Makarenko, A. S.）の思想から影響を受けた自治的集団づくりの理論，日本の教育政策を視野に収め，教育相談的な機能とキャリア教育的な機能の統一を志向した生徒指導の理論などがある。これらの研究は，今日，日本生活指導学会，日本臨床教育学会，日本生徒指導学会，日本学校教育相談学会等で展開されている。

(3)「生徒指導の手引」(1981) の公刊

1965（昭和40）年に文部省（当時の名称）が，生徒指導に関する基本資料を公刊したのは，「生徒指導の手びき」という冊子である。その16年後の1981（昭和56）年に「生徒指導の手引（改訂版）」が刊行される。その冒頭には，「生徒指導は，学校がその教育目標を達成するための重要な機能の一つである」と記されている。そして，生徒指導の目的は，次のように記述されている。

> 　積極的にすべての生徒のそれぞれの人格により良き発達を目指すとともに，学校生活が，生徒の一人一人にとっても，また学級や学年，更に学校全体といった様々な集団にとっても，有意義にかつ興味深く，充実したものになるようにすることを目指すところにある。　　（「生徒指導の手引（改訂版）」，1981）（下線は筆者）

それから30年近い時を経て，2010（平成22）年に，文部科学省から「生徒指導提要」が公表された。その後，12年の時を経て，2022（令和4）年にその改訂版が公表された。

2010（平成22）年の「生徒指導提要」に準拠し，2012（平成24）年に，国立教育政策研究所から公刊された「生徒指導リーフ」では，生徒指導の目的として「社会的資質」を伸ばすこと，「社会的能力」を獲得させることが重視されている。そして，これらの社会的な「資質・能力」を適切に行使して「自己実現」を図り，「自己の幸福」と「社会の発展」を追求できる大人になるために，子どもの自発的で主体的な成長・発達を支援していく働きかけが，生徒指導として意味づけられている。

3　生徒指導の定義

(1)「生徒指導提要」(2022)—旧版 (2010) から新版 (2022) へ

2010年に文部科学省が刊行した「生徒指導提要」は，日本の教師の生徒指導に関する重要な指針（ガイドライン）であった。これが，2022年12月に全面改訂された。改訂された「提要」(2022) において，生徒指導は次のように定義されている。

> 　生徒指導とは，児童生徒が，社会の中で自分らしく生きることができる存在へ
> と，自発的・主体的に成長や発達する過程を支える教育活動のことである。なお，
> 生徒指導上の課題に対応するために，必要に応じて指導や援助を行う。
>
> 　　　　　　　　　　　　　　　　　　　　　　　　　　　　　　　（下線は筆者）

　改訂された「提要」(2022) における生徒指導の定義の特徴を明らかにする
ために，その12年前に刊行された「提要」(2010) の定義と比較したい。旧版
2010年の「提要」(2010) で，生徒指導は，次のように定義されていた。

> 　生徒指導とは，一人一人の児童生徒の人格を尊重し，個性の伸長を図りながら，
> 社会的資質や行動力を高めることを目指して行われる教育活動のことです。すな
> わち，生徒指導は，すべての児童生徒のそれぞれの人格のよりよき発達を目指す
> とともに，学校生活がすべての児童生徒にとって有意義で興味深く，充実したも
> のになることを目指しています。生徒指導は学校の教育目標を達成する上で重要
> な機能を果たすものであり，学習指導と並んで学校教育において重要な意義を持
> つものと言えます。
>
> 　　　　　　　　　　　　　　　　　　　　　　　（「提要」2010，下線は筆者）

　前述したように，この「提要」(2010) の定義は，1981年に刊行された「生
徒指導の手引」の理念を踏襲している。改訂された「提要」(2022) もこの理
念を基本的に踏襲している。しかし，「提要」(2022) には，さらに個人と社会
との質の高い関係性とは何か，一人ひとりの子どもの人権を守り，その存在そ
のものを尊厳あるものとして尊重し，そのウェルビーイング（well-being）を
実現していくために何が必要か，という問いが新たに埋め込まれている。

（2）自己指導能力の獲得

　改訂された「提要」(2022, p.13) では，自己指導能力の獲得が，改訂前の
「提要」(2010) よりも強調されている。

> 　生徒指導の目的を達成するためには，児童生徒一人一人が自己指導能力を身に
> 付けることが重要です。児童生徒が，深い自己理解に基づき，「何をしたいのか」，
> 「何をするべきか」，主体的に問題や課題を発見し，自己の目標を選択・設定して，
> この目標の達成のため，自発的，自律的，かつ，他者の主体性を尊重しながら，
> 自らの行動を決断し，実行する力，すなわち，「自己指導能力」を獲得すること

が目指されます。 （下線は筆者）

　ここでは，自己理解を深め，自分が何をしたいのか，何をするべきかについて問い，自ら主体的に自己の目標を設定し，自らその障害となる課題を発見し，自らその達成のために主体的に決断し，実行する力が，「自己指導能力」と捉えられている。たしかに主体的な目標設定とその主体的な達成は，自己指導能力の一つの重要な要素である。しかし，自己指導能力は，自己と環境との「揺れ」を伴う絶えざる調整活動の中で形成される。自己理解は，他者理解なしに深まることはない。自己指導能力が常に，他者との豊かな関係性の中で醸成されるという側面も軽視してはならない。

　全体として見ると，「提要」（2022）では，発達論から存在論へ，人格論から資質・能力論へ，学校中心論から社会の中の学校論へと基本理念の重点が移行している。ここでいう存在論は，孤立した個体的存在論ではなく，他者とのかかわり合いの中で生き・生かされる社会的・関係論的存在論である。また，資質・能力論も，個体的能力論（そもそもの持ち味としての能力論）と関係論的能力論（多様な他者とのかかわり合いの中で発揮される能力論）が，高い次元で止揚されたものである。そうだとすれば，困難な状況の中で自己指導力を発揮できる（グリット［GRIT］の高い）人間というイメージは，自分の「強さ」に慢心して孤立した（ときに独善的な）人間ではなく，多様な他者とのかかわり合いの中で，自らのよりよい存在（being）を誠実に探索し続ける人間（「弱さ」を愛おしみつつ希望を温める人間）というイメージに近いのかもしれない。

4　生徒指導の構造—2軸3類4層

（1）プロアクティブとリアクティブ

　改訂された「提要」（2022）の「生徒指導の基本的な進め方」では，常態的・先行的（プロアクティブ）生徒指導と，即応的・継続的（リアクティブ）生徒指導がともに重視されている。つまり，生徒指導には，日常的な教育実践の中で課題を未然に予防する生徒指導と，困難な課題に直面したときに，一刻も早く，

しかも一定の継続性をもって遂行される生徒指導という2つの軸があることが明記されている。これは、「提要」（2010）まで積極的生徒指導と消極的生徒指導と機能軸で区分されてきたものを，生徒指導の実態に合わせ，生徒と環境との関係性に関する時間軸をもって2つの軸として整理し直したものだと考えられる。

　例えば，緊急性の高い「いじめ」問題への対応は，ある意味では「積極的」な危機対応を伴う生徒指導だと捉えることができる。これを改訂された「提要」（2022）では，即応的・継続的（リアクティブ）な生徒指導と意味づけた。一方，子どもたちの日常生活において，すべての子どもにとって「居場所」を保障し，教室のウェルビーイングを高め合う生徒指導は，ある意味で「積極的」な生徒指導だと捉えることもできる。しかし，日常生活においても，子どもにとって不安や葛藤が伴うことはある。改訂された「提要」（2022）では，このように一見「消極的」に見える困りごとに，丁寧に寄り添い，その解決を試みるプロセスを含めて，常態的・先行的（プロアクティブ）な生徒指導だと意味づけた。

　このような基本理念に基づいて，改訂された「提要」（2022）の第Ｉ部では，生徒指導の意義，構造，方法，基盤，取組上の留意点が整理されている。生徒指導の実践上の視点では，次の4つの留意点が提示されている（「提要」2022, pp.14-15）。

（1）自己存在感の感受
（2）共感的な人間関係の育成
（3）自己決定の場の提供
（4）安全・安心な風土の醸成

　この4つの留意点は，「提要」（2022）全体を貫く生徒指導の基本的な観点である（コラム⑥の99ページ参照）。

（2）発達支持・課題予防・困難課題対応

　生徒指導の構造（「提要」1.2）では，生徒指導を「発達支持」「課題予防」「困難課題対応」という**3つの類型**で進めることが推奨されている。もとより，教育の現場では，子どもの生命や人権を守るために，危機的な事態への早急な対応を求められる場合がある。これが，困難課題対応的な生徒指導である。また，日常的に，子どもがそれぞれの多様性を認め合い，社会の中で自分らしく生きることができる環境を，教師と子どもがともにつくり合っていくことも重要である。これが発達支持的な生徒指導である。

　一方，困難課題への危機対応に適切な配慮をしながら，子どもたちの日常が，ケアし合い，育ち合い，学び合える環境になるように，取り立てた意図をもって実践されるのが，課題予防的な生徒指導である。例えば，いじめ問題に関する学び合いもその一つである。また，LGBTQ など多様な性の理解とそれにふさわしい対応に関する学び合いもその一つである。実践方法には，他者理解と自己理解を深めるための構成的・非構成的エンカウンターグループの実践や，フォーカシングを活用した実践も含まれる。このような課題予防的生徒指導には，課題を未然に防止する教育の実践という役割と，課題を早期に発見して対応する実践という役割が共存している。

　このように整理した結果，生徒指導には，以下の**4つの層**が想定される。

①すべての子どもを対象とした発達支持的な生徒指導［第1層］

②すべての子どもを対象とした課題予防的な生徒指導で，課題未然防止をめざす教育［第2層］

③一部の子ども（子どもたち）を対象とした課題予防的な生徒指導で，課題の早期発見対応をめざすもの［第3層］

④特定の子ども（子どもたち）を対象とした困難課題対応をめざす生徒指導［第4層］

「提要」（2022）では，これが構造化され，「2軸3類4層」として整理され

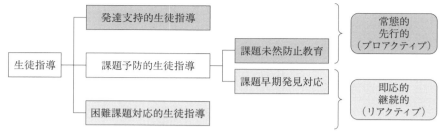

図 1.1　生徒指導の分類

出所：文部科学省（2022）「生徒指導提要」p.17

ている（図 1.1）。

　生徒指導の実践では，いじめや暴力行為という具体的な事象から，子どもの援助要請や育ちのニーズを理解し，刻々に指導を遂行する総合的専門性が求められる。そのため，改訂された「提要」（2022）においても，生徒指導の方法原理として児童生徒理解（子ども理解）が重要な柱の一つとなっている（第 2 章を参照）。そのうえで，第Ⅱ部「個別の課題に対する生徒指導」として，いじめ，暴力行為，少年非行（喫煙，飲酒，薬物乱用を含む），児童虐待，自殺，中途退学，不登校，インターネット・携帯電話に関わる問題，性に関する課題（「性的マイノリティ」に関する理解と対応を含む），多様な背景をもつ児童生徒への生徒指導が各章ごとに整序され，その理解と支援の枠組みが例示されている。

　これまでも，子どもの権利や人権を尊重し，かけがえのない子どもの人生に寄り添い，その育ちを社会全体で支援することは，生徒指導の重要な実践課題であった。改訂された「提要」（2022）でも，このように顕在化した行為・行動への困難課題対応的な生徒指導を行うときも，多様な背景をもつ児童生徒への理解と支援の専門性が必要だと指摘されている。

　さらに，教師が担う生徒指導の実践では，さまざまな課題に関する事後対応をどうするのか，という姿勢だけでなく，改訂された「提要」（2022）では，これが「発達支持」「課題予防」「困難課題対応」と 3 類に整理された。この順序からもわかるように，日常的な「発達支持」の実践が基盤となり，その上に，見通しをもった「課題予防」の実践が構築され，危機対応として「困難課題対

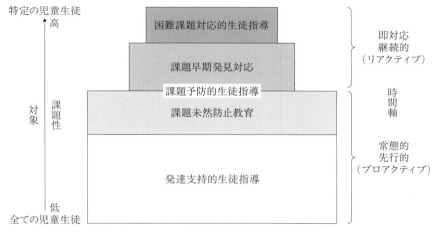

図 1.2　生徒指導の重層的支援構造

出所：文部科学省（2022）「生徒指導提要」p.19

応」の実践が求められるという構造がデザインされている（図1.2を参照）。

5

生徒指導の羅針盤―方法・基盤・未来展望

（1）ウェルビーイング（well-being）の探究

改訂された「提要」（2022, p.13）では，生徒指導の目的が次のように記述されている。

> 生徒指導は，児童生徒一人一人の個性の発見とよさや可能性の伸長と社会的資質・能力の発達を支えると同時に，自己の幸福追求と社会に受け入れられる自己実現を支えることを目的とする。

もとより，生徒指導は，教育基本法「教育は，人格の完成を目指し，平和で民主的な国家及び社会の形成者として必要な資質を備えた心身ともに健康な国民の育成を期して行われなければならない」（第1条）という教育の目的や，「個人の価値を尊重して，その能力を伸ばし，創造性を培い，自主及び自律の精神を養うとともに，職業及び生活との関連を重視し，勤労を重んずる態度を養う」（同法第2条2）という教育の目標のもとで遂行されなければならない。

「提要」（2022）の目的像の記述では，子どもの「個性の発見とよさや可能性の伸長」と「社会的資質・能力の発達」が一体のものとして表現されている。つまり，尊厳ある一人の子どもの存在（being）そのものを尊重し，そこに内在する能力を伸ばすことと，その子らしい特性を大切にしながら，他者と出会い，対話し，協働する能力を発揮させることが，不可分のものとして捉えられている。さらに，そのことを通して，「自己の幸福追求」と「社会に受け入れられる自己実現」が目指されている。

改訂された「提要」（2022）に示された生徒指導の目的は，日本国憲法第13条「すべて国民は，個人として尊重される。生命，自由及び幸福追求に対する国民の権利については，公共の福祉に反しない限り，立法その他の国政の上で，最大の尊重を必要とする。」という幸福追求権の理念に基づいている。同時に，この目的は，子どもの権利保障という文脈でも多用されるようになった，ウェルビーイング（well-being）の促進という考え方と軌を一にするものでもある。

このように，改訂された「提要」（2022）における生徒指導の目的は，社会におけるさまざまな他者とのかかわり合いの中で，子どもの存在そのものを尊厳あるものとして捉え直し，そのウェルビーイングを促進することを目指している，と理解することもできる。

（2）教職のアイデンティティと働き方改革

生徒指導提要の旧版が公刊された2010年から，新版（改訂版）が公刊された2022年までの12年間，日本の社会では，格差や貧困が拡大し，分断された社会（divided society）が進行した。その中で，多様で複雑な生活背景をもつ子どもも増えた。子どもの生存と成長を支え合うコミュニティの機能も低下し，子育てを担う保護者や大人たちの孤立も進んだ。人々の間に，他者を責め合い，攻撃し合う関係性も広がった。2011（平成23）年3月に，東日本大震災があった。その社会的・心理的な外傷体験は，いまも癒えていない。2020（令和2）年3月に，新型コロナウイルス感染症（COVID-19）が蔓延し，人間どうしの日常的な関係性が脆弱化し，地域の子どもや人々の暮らしが孤立していく危機

も深まった。

　このように予測不能な社会状況（Hargreaves & Shirley 2021）を背景に，子どもの育ちを取り巻く生活環境が，いっそう多様で複雑なものとなった。それに伴って，教師が直面する生徒指導上の問いも難しくなった。このような状況下で，2016（平成28）年度に実施された教員勤務実態調査から，看過できないほど多忙な教師の勤務実態が明らかになった。そして学校における「働き方改革」が進められている。このような社会環境のもとで，学校の教師が担う生徒指導に関して，2つの考え方が生まれた。

　ひとつは，教師という仕事（教職）の専門性から生徒指導の専門性を分離し，それぞれの担い手が分業すべきだという考え方である。この考え方の背後には，本来，教師が専念すべき仕事は，主に授業での学習指導なのだから，生徒指導は，教師が担うべき仕事ではなく，副次的な仕事として位置づけられるべきではないか，という考え方がある。さらには，子どもの生徒指導は，学校の教師以外の誰か（部活動の指導員，スクールカウンセラーやスクールソーシャルワーカーなど）が担ってもよいのではないか，という考えがある。その背後には，教師という仕事の多忙化を回避し，教師が授業に集中できる環境を整備すべきではないか，という考え方もある。この考え方について，どのように考えたらよいのだろうか。

　2つは，教師の高度な専門職としての喜びや生きがいは，複雑な社会状況のもとで，子どもが困難を乗り越え，人として育っていく姿を援助していくことにあるのだから，その尊厳あるライフ（生存・生活・人生）を総合的に支援する生徒指導も，教師の専門性の核心となるべきだという考え方である。古来，心を自由にして尊敬できる「師」と出会い，自分にとってメンター（mentor）となるべき先人の背中を見て育つことが，強い教育力をもつことはよく知られている。また，教師と子どもが，人と人として出会い，安心と安全を実感しながら「対話」することが，深い教育力をもつこともよく知られている。このような教育機能が軽視されてしまうと，教職という仕事の魅力や生きがいも半減してしまうかもしれない。

この両者の考え方は，教師の高度な専門性とは何か，教師が希求し続ける職業的アイデンティティとは何か，という問題と関連している。もとより，教師という仕事（教職）において，慢性化する長時間労働から生じる健康被害の解決は，喫緊の課題である。同時に，教師が，自らの高度な専門職としての仕事に矜持をもって，安心できる他者と協働しながら学び続けることができる職場や社会の環境を構築することも急務である。この社会課題を，生徒指導という仕事においても考えなければならない。

深い学びのための課題

1. あなたが経験してきた生徒指導のイメージと「生徒指導提要」（2022）に記されている生徒指導のイメージを比較し，今日の生徒指導の課題について，社会的視点から考えてみよう。

引用・参考文献

大家まゆみ・本田伊克編（2022）『これからの教職論―教職課程コアカリキュラム対応で基礎から学ぶ』ナカニシヤ出版

勝野正章・庄井良信（2022）『問いからはじめる教育学〔改訂版〕』有斐閣

佐治守夫・飯長喜一郎編（2011）『ロジャーズ：クライエント中心療法［新版］―カウンセリングの核心を学ぶ』有斐閣

文部科学省（2010）「生徒指導提要」

文部科学省（2022）「生徒指導提要」［WEB 閲覧可］

文部省（1981）『生徒指導の手引（改訂版）』

山中康裕・徳田良仁・大森健一・飯森眞喜雄・中井久夫監修（1998）『芸術療法―理論編』岩崎学術出版社

Bradley, B. (2015) *Well-being: Key concepts in philosophy*, Polity.

Clough, P. (2002) *Narratives and fictions in educational research* (*Doing qualitative research in educational settings*), Open University Press.

Hargreaves, A. & Shirley, D. (2021) *Well-being in schools: Three forces that will uplift your students in a volatile world*, ASCD.

Meretoja, H. (2017) *The ethics of storytelling: Narrative hermeneutics, history, and the possible* (*Explorations in Narrative Psychology*), Oxford University Press.

■コラム①　教育的思慮深さ（pedagogical thoughtfulness）とは何か　━━━━■

　あなたは思慮深い教育者と出会ったことがあるだろうか。

　オランダで生まれ，カナダで活動した教育学者，マックス・ヴァン＝マーネン（van Manen, M.）は，教育者に教育的思慮深さを求める。ここでいう教育者とは，学校の教師のみではなく，子どもたちの発達に関わる家族や地域社会の大人たちを含めた呼び方である。思慮深い教育者がなすべきことは，どのような人生が生きるに値するか，どのような大人が目指すに値するかという展望を若者たちに示すことであるとヴァン＝マーネンは述べている。その際にヴァン＝マーネンが重視するのは，「生徒たちは教師の行動をどのように経験しているか」である。例えば，学校の扉の鍵穴にいたずらをした少年たちが校長の前に連れてこられた場面を教育的瞬間であると捉えて，「この子どもは，状況をどのように経験しているのだろうか？」と自らに問うことをヴァン＝マーネンは校長に求めているのである。

　同じくオランダ出身の教育学者であるガート・ビースタ（Biesta, G. J. J.）は，説明責任（アカウンタビリティ）と，応答責任（レスポンシビリティ）とを峻別する。説明責任では，誰かに役職を交代することが可能な「私」が，定められた範囲で，量的な証拠としてのエビデンスに基づいて説明される責任を形式的に負うことになる。これに対して，応答責任は，私と他者を足して「我々」として勘定することができない代替不可能性から発生する。マニュアルやエビデンスによって教育を操作可能で評価可能な範疇に収めて捉えてしまおうという発想とは鋭く対立する教育思想が，応答責任に込められている。説明責任をかろうじて果たそうとすることは多くの学校において実践されているが，ひとりの教師が応答責任に向かい合い続けることはなかなかに難しいことである。しかし，難しいことであるからこそ，教育者が一生を賭けるに値する仕事であるともいえる。

　内田樹は著書『困難な成熟』の中で，本当の人間の成熟は責任がとれないということを知ることだと述べている。教育の事象はすべて不可逆的である。「覆水盆に返らず」である。しかし，内田の主張の力点は，責任の放棄ではない。むしろ有限責任ではなくて無限責任を自覚するところに成熟の鍵があるというのである。

　これら論者の主張を言い換えれば，自分にはこの子どもたちに対して無限責任があり応答責任があるということを実感し，そして，その責任は自分には（そして誰にも）本当はとることができないのだと実感することで，成熟した思慮深い教育者になるということである。教育的思慮深さが究極的に実現されるのは，教育者が子どもたちに対してとることができない応答責任を直接的には自分の利益にならないことであるにもかかわらず引き受けようとするときである。代替可能性のない他ならない私が他ならないこの子どもに対して働きかけることを通して子どもを理解しようとすることの中に，応答責任のあり方がある。そこでの子どもは，私の複製や延長としての他人ではなくて，私とは異なる存在としての他者性をもった他者として捉えられる。

　このように人間存在や教育者の思慮深さを捉えるならば，誠実な若者ほど教師を目指すことができなくなるかもしれない。あなたの周囲には，あなたよりも誠実な人がいて，あるときに教職を目指しながら，その「まなざし」の深遠さゆえに教職に無限責任と応答責任があることを予感して，ついには教職を断念した人はいないだろうか。

思慮深さの深遠さに尻込みしている人々に対して教育学が贈る言葉は，寄る辺（よるべ）のない教育者の「教育する勇気」である。

オランダの教育学者であるランゲフェルド（Langeveld, M. J.）は，教育者の不完全さや根拠のなさを「寄る辺なさ」と表現した。教育につきまとう不確実性・無境界性・再帰性を考えるとき，教育者は自らの寄る辺なさを実感せずにはいられない。だからこそランゲフェルドは，教育者には「教育する勇気」が必要であり，寄る辺のない教育者がさらに寄る辺のない子どもたちに教育をしようとすること自体が尊いことなのだと主張する。どのように振る舞えばよいかわからないときに，教師が誤った判断をしたり間違った行動をしたりすることは常にあり得る。寄る辺なき教育者がマニュアルに還元できない不確実性の中で教育実践を行うのであるから，間違うことはむしろ道理である。

若き日にオランダでランゲフェルトに薫陶を受けたヴァン＝マーネンは「子どもたちに対して責任をとり積極的にケアする教師は許されている」と述べている。ここでいう「責任」とは，説明責任ではなくて応答責任であり，「子どもたちに対して責任をとろうとし続けながらもついに責任を取り得たとは確信し得ない」という状態を指していると捉えられるべきものである。そのような配慮をもって子どもたちに接する教育者は子どもたちに許されているとヴァン＝マーネンはいうのである。

日本の生活指導論において，このように教師が過ちを犯すことを「権利」という表現まで使用して積極的に位置づけようとしたのが大西忠治と竹内常一であり，その後に発展的検討を続けているのが白石陽一である。不確実性がつきまとう教育実践の中で，子どもたちに自主的判断を要求しながら育てるということは，教師自身の自主的判断を要請されることでもあり，またそのことはその判断が時として誤りを含むこととも地続きである。だからこそ，思慮深い教師であるためには，誤りを含むという自覚のもとに教育的判断を日々繰り返しながら，実践記録を書いて仲間とともに共同的にその実践の意味を探究し，また，子どもの参加を自らの実践のうちに開いていく構想をもつということが求められるのである。

子どもと教育者とが対峙した教育的瞬間において，またその実践を振り返る省察過程において，既成の社会習慣への適応を強いるのではなくて，この状況を子どもがどのように経験したのかを子どもの側から問い，子どもの生活世界に教師が参加するという試みをすることから，教育的思慮深さは生起する。思慮深いということは，ソクラテスの「無知の知」の事例を嚆矢（こうし）として，「私は知っている」と誇示する者の側ではなくて，「私は知らない」という絶えざる発見を希求する者に対してこそ与えられる言葉である。

引用・参考文献

ヴァン・マーネン，M. 著，岡崎美智子・大池美也子・中野和光訳(2003)『教育のトーン』ゆみる出版
内田樹（2015）『困難な成熟』夜間飛行
白石陽一（2007）「指導における『合意』的側面に関する一考察」『熊本大学教育学部紀要—人文科学』第 56 巻，207-218 頁
ビースタ，G. 著，藤井啓之・玉木博章訳(2016)『よい教育とはなにか—倫理・政治・民主主義』白澤社
ランゲフェルド，M. J. 著，和田修二監訳（1980）『よるべなき両親—教育と人間の尊厳を求めて』玉川大学出版部

第 2 章

教育相談と生徒指導―個別の課題に関する児童生徒への対応―

はじめに

　改訂された「生徒指導提要」(2022)（以下，「提要」(2022)）によると，教育相談は，すべての児童生徒を対象に，発達支持・課題予防・困難課題対応の機能をもった教育活動であり，コミュニケーションを通して気づきを促し，悩みや問題を抱えた児童生徒を支援する働きかけである。そして，教育相談は，生徒指導と対立するものではなく，両者が相まってはじめて，包括的な子どもの支援（児童生徒支援）が可能になる（p.88）。そうだとすれば，教育相談の専門性は，あらゆる教師にとって，生徒指導の専門性を支える重要な基盤の一つである。

　本章では，はじめに，学校において教育相談の考え方を大切にした生徒指導の事例（エピソード記録）を紹介したい。次に，教育相談の考え方に強い影響を与えたカウンセリングの理論について概観したい。そのうえで，戦後，教育相談と一体となって展開した生徒指導（教育相談機能を包摂した生徒指導）の歴史的な展開を明らかにしたい。

1 教育相談の目的

　「提要」(2022)において，教育相談の目的は，「児童生徒が将来において社会的な自己実現ができるような資質・能力・態度を形成するように働きかけること」(p.80)だと言及されている。一般に，教育相談というと1対1で個別の相談活動を行うことが意識されがちである。たしかに教育相談が，教師と子どもの個別カウンセリングという形で行われることも多い。しかし，その場合でも，特定の子どもとの個別相談は，他の子どもたちとのかかわり合いの中で遂行されている。その意味で，教育相談は子どもどうしの関係性を高めることを

支援する生徒指導（学級集団づくりや学習集団づくり）と一体のものとして実践されなければならない。

　生徒指導という概念の源流のひとつは，ガイダンス理論である。ガイダンスという概念には，2つの機軸が内在していた。ひとつは，一人ひとりの子どもの生活と心理に関する理解とその支援という機軸（教育相談の軸）である。もうひとつは，生活の中で，その子どもの将来を見通した社会的な自己実現の支援という機軸（キャリア教育の軸）である。この2つの軸を〈扇の要〉として結びつけているのが狭義の生徒指導という概念である。

　ただし，「提要」（2022）では，教育相談と一体化した生徒指導では，次の3つの姿勢が求められる，と述べられている。ひとつは，「指導や援助の在り方を教職員の価値観や信念から考えるのではなく，児童生徒理解（アセスメント）に基づいて考えること」である。2つは，「児童生徒の状態が変われば指導・援助方法も変わることから，あらゆる場面に通用する指導や援助の方法は存在しないことを理解し，柔軟な働きかけを目指すこと」である。3つは，「どの段階でどのような指導・援助が必要かという時間的視点を持つこと」である。そのことで，教育相談を，生徒指導と同じように，学校内外の連携に基づくチームの活動として進めること，その際，チームの要となる教育相談コーディネーターの役割が重要であることが指摘されている（p.80）。

2　学校における教育相談─2つのエピソード記録

（1）放課後の雪だるま

　教育相談と生徒指導を深く結びつけた実践をイメージするために，2つのエピソード記録を紹介したい。ひとつ目は，個別の教育相談の事例である。

　ある放課後の教室の出来事である。冬の穏やかな午後のことだった。窓の外では粉雪が舞っていた。8歳になる幸子さんが，学級担任の花子先生と粘土で遊んでいたときのことである。幸子さんは，白い粘土で，黙々と小さな球をいくつも造っていた。いくつかの球は，丸みが取れてサイコロのような形になったが，多くの球はまん丸で，きれいな白い球になった。幸子さんの側で，花子

先生も一緒に，粘土で丸い玉を造っていた。横長だったり，縦長だったり，いろいろな形の粘土が造られた。花子先生と幸子さんの2人は，何もしゃべらずに粘土を造り続けていた。

　あるとき，幸子さんが白くて丸い粘土の上に，もう一つ白くて丸い粘土をのせた。それを見た花子先生は「あっ，雪だるま……」と言った。そして，その雪だるまに赤い粘土で，マフラーを巻いた。「これで寒くないね……」と花子先生が言うと，幸子さんの緊張が少し緩んだように見えた。幸子さんは，「何か目にするものはありますか？」と尋ねた。花子先生は，黒くて小さい粘土を，そっと手渡した。幸子さんは，息を止めて集中しながら，マフラーを巻いた白い粘土の雪だるまに黒い目を付けた。そして自分の弁当箱の上で，自分が造った粘土の雪だるまを踊らせた。その姿があまりにも愛しかったので，花子先生は，思わず踊っている粘土の雪だるまの気持ちになって「幸子さん，わたしを造ってくれてありがとう！」と囁いた。それを聞いた幸子さんは，顔を赤らめてはにかんだ。その後，花子先生は，粘土の雪だるまの頭の上に黄色い粘土で造ったバナナを載せて「ほら，かわいい」といった。幸子さんは，それを自分の弁当箱の上に置いて満足そうに微笑んでいた。

　放課後の教室の何気ない遊び合い（ある種の遊戯療法・芸術療法のような場）の中で，教室の学びに不安が強かった幸子さんは自己と環境の間の「調整」を試みた。「自分は教室に居てもきっと大丈夫だ」そう実感した幸子さんは，この後，ゆっくり時間をかけて，自己を回復していった。

　自己指導能力という概念は，学習指導要領（2017／2018）や「提要」（2022）でも重視されている術語である。学習指導では，2021（令和3）年の中央教育審議会の答申「「令和の日本型学校教育」の構築を目指して〜全ての子供たちの可能性を引き出す，個別最適な学びと，協働的な学びの実現〜」において，自らの学びを自らメタ認知する力と学びに向かう力の向上という文脈で，この

自己指導能力という概念が注目されている。何気ない放課後の教室で，このような場を共有し，静謐の中で揺蕩うことも，自己指導能力の回復と深く結びついた教育相談の実践事例である。

（2）明るく元気な子ども像

　2つ目のエピソードは，教室の子どもたち（学級集団）を対象とした事例である。ある小学校1年生の教室の出来事である。ジュンコ先生は，久しぶりに新入学生の学級担任になった。子どもの緊張が少しほぐれはじめた4月の終わり頃のことである。朝の健康観察で，順番に子どもの名前を呼んでいると，ジュンコ先生は，不思議な雰囲気に呑み込まれそうになった。

　「ハナコさん元気ですか？」と呼びかけると，ハナコさんは大きな声で「元気でーす！」と応えた。続いて「タロウさん元気ですか？」と呼びかけると，タロウさんはハナコさんより大きな声で「元気でーす！」と応えた。次に「ユミコさん元気ですか？」と問いかけると，ユミコさんはハナコさんやタロウくんよりもさらに大きな声で「元気でーす！」と応えた。そのときジュンコ先生は，思わず「まあ，今日は，みんな元気なのね……。先生まで元気になっちゃう！」と言った。すると次の子は，もっと大きな声で，次の次の子は，もっともっと大きな声で「元気でーす！」と猛烈にアピールした。「元気でーす！」の音階があがり続け，最後に名前を呼ばれた子は，椅子の上にたって両手をふって，「元気でーす！」と叫んでいた。

　ジュンコ先生は，健康観察のときの「元気でーす！」のアピール合戦になんともいえない違和感を覚えた。小学校1年生の教室に30人の子どもがいれば，たしかに元気な子もいただろう。しかし，あまり元気でない子もいたはずだ。そうであれば，「まあまあです」とか「ちょっと元気がありません……」とか，さまざまな表現があってもよかったはずだ。そう考えたジュンコ先生は，翌日の健康観察で，次のように問いかけてみた。

「今日のみんなの心のお天気なあに？」するとほとんど全員の子どもが
「晴れー！」と叫んだ。「それでは，今日の先生の心のお天気は何でしょう
か？」といたずら表情で子どもたちに問いかけた。すると子どもたちは声を
そろえて「晴れー！」と応えた。ジュンコ先生は，ゆっくり首を横に振ると
「残念でした……先生の今日の心のお天気は，晴れ，時々曇り，ちょっぴり
雨も降るでしょう」といった。それを聞いた子どもたちは，はじめポカンと
していたが，「えーっ，晴れじゃないの？　先生，大丈夫？」と気遣う子ど
ももいた。それを聞きながら，ジュンコ先生は，子どもたちにこう語った。
「先生は，心のお天気が晴れの子も，曇りの子も，雨の子も，大嵐の子も，
みんな大好きです！」それを聞いた子どもたちの身体からゆっくりと緊張が
ほぐれていった。その日から，ジュンコ先生の朝の健康観察の場が，穏やか
な空気の中で，ふんわりとしたトーンになっていった。

　幼稚園でも，小学校でも，あるいは中学校以降でも，明るく元気に見える子
どもを見ると，教師は安心してしまうことが多い。もちろん，子どもが明るく
元気であることは，教育の場において決して悪いことではない。しかし，子
どもたちの中には，教師や友だちに相当な気遣いをして，明るく元気な自分を過
剰にアピールしている子どももいる。元気で活発そうな子どもだと思っていた
ら，それが，せつないまでの演技であったことに気づくこともある。育ちにふ
さわしい生育環境に恵まれなかった子どもや，不適切で劣悪な処遇（マルト
リートメント：maltreatment）を受けてきた子どもたちの中に，このような応
答をする子どもが少なくない。
　そもそも「元気」であるということは，「気」の流れが「元」に戻って自分
らしく自然な状態に近づくことを意味している。身体（からだ）の緊張が高
まって元気になるときもあるが，からだの緊張が静まって元気になるときもあ
る。教育相談の専門性が高い教師は，ある子どもの「明るく元気な」表現の奥
深くに，その子どもが抱え続けているかもしれない不安や，そこに潜在してい
る援助要請を理解する臨床的な叡智を学び続けている。

3 カウンセリングの三原則

（1）ロジャーズ（Rogers, C. R.）の理論

　1940年代後半から50年代に学校教育で生徒指導に関心がもたれた背景には，戦後の子どもの生活の著しい混乱や経済的な困窮があった。窃盗，傷害，暴言などの他者への暴力も，自傷行為や薬物濫用などの自己への暴力も，戦後の混乱期に生活の基盤や居場所を失った子どもたちの自他へのパワーの濫用であった。そしてその行為・行動の多くは，教師を含む大人への援助要請であった。

　このような社会背景のなか，アメリカからデューイ（Dewey, J.）の影響を受けたガイダンス理論が日本に紹介された（第1章を参照）。その後，アメリカの心理学者であるロジャーズ（Rogers, C. R.）の影響を受けたカウンセリング理論が日本にも紹介された。全国の学校教育の現場も，その思想と方法から影響を受けた。とくにロジャーズのカウンセリング理論は，戦後間もない教育界において，子どもの心を理解し，そこに寄り添う実践がしたいと願う教師たちにとって，重要な意味をもっていた。

　以下，ロジャーズが提唱したカウンセリングの三原則に言及する。なぜなら，この三原則とその後のカウンセリング理論の展開は，1960年代後半から70年代前半にかけて，日本の教育（生徒指導と教育相談）の考え方に大きな影響を与えたからである。1970年代後半から1980年代に，しばらく低迷期があったが，ロジャーズの理論は，日本の生徒指導に再び大きな影響を与えた。

　1990年代後半以降，再び，教育界（生徒指導分野）でロジャーズの共同研究者であり，重要な後継者の一人であるジェンドリン（Gendlin, E. T.）らが開発したフォーカシングの理論も，日本の生徒指導の理論と実践に影響を与え続けている。また，構成的／非構成的エンカウンターグループという理念を活用した生徒指導は，いまなお全国の学校教育の現場で多様に展開されている。これらもまた，ロジャーズの理論から大きな影響を受けている。

（2）自己一致・共感・受容

　ここでいうカウンセリングの三原則は，以下の通りである。

①第1原則：自己一致＝純粋性（self-congruence/genuineness）の原則

これは，教育相談や生徒指導において，教育者（臨床的な実践者）は，過剰な役割行動や防衛的態度をとらず，教育者の感情とその表現が一致している必要があるという原則である。すなわち，教育相談機能を大切にする生徒指導において，教育者は，自分を偽らず，自分自身に対して誠実である必要があるということである。言い換えれば，自己一致＝純粋性の原則とは，教育者が，過度に道徳的模範となることではなく，子どもとともにいる時間は，一貫して自分に正直（honest）でなければならないということである（本山ら編著 2015）。たしかに，相談支援における自己一致の原則は，哲学的で難しい。しかし，子ども理解を深め，教育相談機能を重視して生徒指導を実践している教師の多くは，この自己一致の原則を無意識のうちに身体化していることも多い。

②第2原則：共感的理解（empathic understanding）の原則

これは，相手の心の世界をあたかも自分自身のものであるかのように（as if：もし私が相手ならば○○なのではないか……）と感じようとすることである。ここで気をつけなければならないのは，相手の心と自分の心を安易に「共振」（同調）させて，互いに悲しみや苦しみを増幅させ合うような関係性に陥らないよう留意することである。相手が泣くから自分も泣く，相手が怒るから自分も怒るという行為は，一見すると共感に見えるが，それは単なる「共振」であって，真の意味の共感にはならない。つまり，共感には，尊厳ある他者への適切な距離感覚が必要だということである。共感とは，例えば子どもの怒りをあたかも自分自身のものであるように感じながら，しかも自分の怒りをそこに関与させない能力である。これも難しい原則であるが，この能力を獲得していくためには，教育相談と深く結びついた生徒指導の経験を，他者と対話しながら協働で振り返ることが重要である。

③第3原則：受容＝無条件の肯定的関心（accepting/unconditional positive regard）の原則

受容とは，教育者（教育相談や生徒指導の実践者）が，子どもが言うことをなんでも容認することではない。「ああそうか，わかった，いいんじゃないか」

という応答の繰り返しは,「あなたの好きにすればよい（わたしは関与しない）」と受けとめられる場合がある。その場合,教師（教育相談や生徒指導の実践者）のうわべだけの受容は,子どもにとっては,「ものわかりのよい放任をされた」あるいは「見放された」という経験になってしまうこともある。受容とは,子どもの考えや気持ちや存在（being）そのものを,あるがままに,好きとか嫌いとか,よいとか悪いとかをいっさい抜きにして,子どもが感受しているありのままの世界を許容し,子どもに対して無条件の肯定的な配慮や関心を抱くことであることを忘れてはならない。

（3）社会の中の自分らしさ―存在論（オントロジー）の地平へ

この三原則の中で,学校教育の現場で頻繁に用いられるようになったのは,受容と共感である。しかし,そもそも受容という言葉も,共感という言葉も,それぞれが意味深い術語である。前述のように,受容は,子どもの言うことを何でも（わかった振りをして）受け入れるという意味ではない。子どもを受容するとは,子どもという存在を,独立した一人の人格（自己決定の主体）として尊重するということである。また,子どもに共感するとは,子どもの感情の動きにあわせて共振することではない。子どもに共感するためには,自分とは異なる他者の感情の動きを,我がことのように理解する努力をしながら,その感情に流されたり,巻き込まれたりしない冷静さが必要である。

この問いは,自分が自分の「弱さ」も「強さ」もまるごと受け入れて,他者の前に「在る／居る」とはどういうことか,社会とともに生活する中で,自分が自分らしく「在る／居る」とはどういうことか,他者とともに「在る／居る」中で,自分が自分であって大丈夫だという感覚を抱いて「在る／居る」とはどういうことか,という存在論（ontology）の問いでもある（Tomasello 2021）。また,自分の「弱さ」も愛おしみながら生きるとはどういうことか,あるいは,自分への慈しみ（赦し）をもって生きる（self-compassion）とはどういうことか,という問いにも通底している（Neff 2015）。

この哲学は,いま,社会的な幸せと個人的な幸せとの動的均衡と両者の絶え

ざる探索から生まれるウェルビーイング（well-being）とは何か，という問い
とも関連している。その問いは，獲得的な幸せと協調的な幸せとの律動として
のウェルビーイングを，教育の文脈でどのように捉え直すのか，という問いと
も関連している。この問いは，教育相談機能を重視する生徒指導の実践では，
とくに重視されてきた観点である。

4 個別の課題に関する児童生徒への対応

（1）生活綴方教育と学級集団づくり

　生徒指導は，教育相談と深く結びつき，ガイダンスとカウンセリングの機能
を内包した概念である。「提要」（2022, p.26）では，両者の関係について，今期
学習指導要領の第1章「総則」で新設された「児童（生徒）の発達の支援」の
「児童（生徒）の発達を支える指導の充実」の「（1）学級経営（高等学校はホー
ムルーム経営）の充実」を引用し，以下のように指摘している。

> 　学習や生活の基盤として，教師と児童（生徒）との信頼関係及び児童（生徒）
> 相互のよりよい人間関係を育てるため，日頃から学級経営の充実を図ること。ま
> た，主に集団の場面で必要な指導や援助を行うガイダンスと，個々の児童（生
> 徒）の多様な実態を踏まえ，一人一人が抱える課題に個別に対応した指導を行う
> カウンセリングの双方により，児童（生徒）の発達を支援すること。

　では，教育相談と深く結びついた生徒指導は，日本において，どのような歴
史をたどってきたのであろうか。

　1960年代に高度経済成長期を迎えると，子どもたちの生活基盤も大きく変
化し始めた。農村部から都市部へと人口が移動し，とくに都市部では核家族化
が進んだ。かつて子どもの生活や育ちを支えていた地域社会のケアと教育の機
能が急速に低下し，学習や生活に困難を抱えた子どもたちは自分が帰る「ホー
ム」や「居場所」を失いつつあった。それらを意識的に回復し，民主主義の文
化を主体的に再構築できる主権者を育てるために，学級という集団を，自治的
で自己教育力のある集団に，見通しをもって高めていく実践（集団づくりを機
軸にした生活指導）が探究されはじめたのもこの時代である。

この時代に，生活指導という概念で目指されていた民主的な集団像は，管理的な統制が強い集団でも，同調圧力の強い集団でもなく，あくまで自分たちの生活をよりよくするための自治的で自立的な集団であった。この集団像を意識し，困っていることは自由に表現し合い，みんなで決めたことをみんなで守るという民主主義の根幹となる行動様式と，そこから生まれる意識を，子どもたちが協働活動を通して学ぶことができる生活指導の実践が蓄積されていった。この生活指導の考え方は，学級の中の小集団（班）において民主的な基礎集団を育て，主に学級集団の中で民主的なリーダーを育て，民主的な話し合い（討議・討論・対話）の力を育てることを強く意識するものであった。これを全国生活指導研究協議会（全生研）は，学級集団づくりと呼んだ。

　この頃，学校教育の世界にも，能力主義（メリトクラシー）に基づく競争システムが浸透しはじめた。しかも当時の能力主義は，学力のみならず人格そのものもある種の有用性において測定し，その達成に向けた成果と効率を競い合うというシステムを内包していた。つまり，学習の到達の度合いを競い合う一元的な能力主義から，部活動・クラブ活動あるいは児童会・生徒会活動などにおける積極性などの「関心・意欲・態度」，そこにおける具体的な成果なども測定の対象にした多元的な能力主義へと移行しつつあった。学校では，学習においても，その他の活動においても，短期に効率よく成果を上げられる子どもが過大に評価され，それが苦手な子どもたちは過少に評価されるという風潮が席巻し，子どもたちの生活環境は，生きづらい様相に変化した。

（2）暴力の外在化と内在化

　1970年代から1980年代になると，このような環境の中で抱えた不安や葛藤をアクティング・アウトする子どもが増えた。教室の授業に自分の居場所を見つけられない子どもが増えた。さらに，部活動やクラブ活動でも自分の居場所を見つけられない子どもも増えた。学校にも，学校外の地域や家庭にも，自分が自分らしく居られる場所が見つけにくい子どもも増えた。不安や葛藤を，ひとりで抱えきれずに，授業妨害，器物損壊，対教師・対生徒への暴力として行

為化・行動化する子どもも増えた。当時の学校や社会では，こうした子どもを「荒れる」子どもと呼ぶこともあった。

　この時代は，子どもたちが表出する「荒れる」行為・行動を，教師や大人が一致団結して押さえ込もうとする生徒指導で対応せざるをえなかった学校も少なくなかった。いわゆる管理統制型の生徒指導が全国に広がった。子どもの権利（人権）を著しく侵害する校則や，教育者としての懲戒権を濫用した体罰などによって，心理的に追い詰められた子どもたちは萎縮し，学校が求める秩序（不合理な校則等）に過剰に適応するか，学校から身を守り，不適応になるしかなかった。懲罰の濫用による徹底した管理統制システムによって，外在化する問題行動（「荒れ」）が一時的に潜在したように見えることもあった。「荒れた」学校が，急速に落ち着き，水を打ったような静けさの学校になることもあった。しかし，過剰な秩序が生まれる裏側で，それを凌ぐ勢いで無秩序へのエネルギーが蓄積されていく学校も少なくなかった。

　しかし，1980年代後半から1990年代になると，学校で過剰に管理統制された生活システムに曝され続けた子どもたちの中から，学校という社会への適応に苦しみ，ため込んだ不安や葛藤を自他への暴力として表出してくる子どもも増えた。子どもが育つ過程で抱える不安や葛藤が，心の奥深く沈潜したまま放置されることもあった。その圧力が限界に達すると，押さえ込まれていたマグマが噴出するように，突発的な暴力行為として発露することもあった。その一方で，「いじめ」によって精神的に苦しみ続ける子どもも少なくなかった。

　2000年代から2010年代に入っても，この状況はなかなか改善されなかった。暴力行為の発生件数は，2021（令和3）年度は，76,441件であり，過去5年間を見ると，小学校における暴力行為が大幅に増加している（図2.1）。これらは，統計上認知されている数値である。実態は，この数値では捉えきれない事態も多いと推測される。このような事態に対して，生徒指導を担う教師は，多様な生活背景をもつ子どもを理解する叡智を磨き，その尊厳ある人生に寄り添い，学校と地域が連携しながら支援・指導する可能性を探究し続けていた。

暴力行為発生件数の推移グラフ

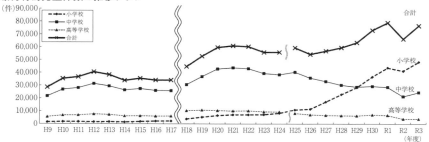

暴力行為発生率（1,000人当たりの暴力行為発生件数）の推移グラフ

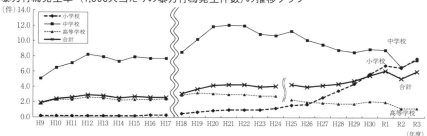

図2.1　暴力行為の発生件数の推移

注：平成18年度からは国私立学校も調査。平成25年度からは高等学校に通信制課程を含める。
出所：文部科学省「令和3年度児童生徒の問題行動・不登校等生徒指導上の諸課題に関する調査結果
　　　について」（令和4年10月27日）より引用。

5　いじめ問題とどう向き合うか

（1）「いのち」の尊厳と人権

　2011年10月に，滋賀県大津市内で当時中学校2年生の男子生徒がいじめを
受け，尊い命が失われるという事件があった。全国で，子どものいじめが社会
問題となった。もとより，いじめの問題は，人間の尊厳と人権に関わる重大な
問題である。そして地域や社会が責任をもって取り組むべき課題である。この
認識が広がるなか，2013（平成25）年6月に，「いじめの防止等のための対策
の基本理念，いじめの禁止，関係者の責務等」を定めた「いじめ防止対策推進
法」が施行された。同年10月には，「いじめの防止等のための基本的な方針」

（2017年に最終改訂）が策定され，全国では，いじめ防止のための条例を制定する自治体もあった。

　いじめアンケート調査等による日常的な実態把握の頻度も増えた。重大事態に地域協働で対応する事案も増えた。しかし，このように法律や条例が制定され，未然予防や危機対応体制の環境が整備されつつあるにもかかわらず，いじめの認知件数と認知率は，令和2年度に微減しているものの，全体としては増加傾向が続いている（図2.2）。こうした状況の中で，教育相談と一体化した生徒指導に何が求められているのだろうか。

　2020（令和2）年に新型コロナウイルス感染症のパンデミックが始まり，子どもの生活も変化した。未曽有の感染症への不安と向き合い，日常生活に多くの制約が生まれ，子どもの心身のストレスも増大した。この時期に展開した

いじめの認知（発生）件数の推移のグラフ

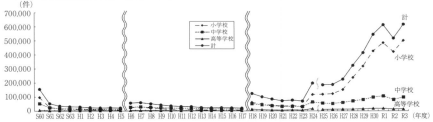

いじめの認知（発生）率の推移（1,000人当たりの認知件数）のグラフ

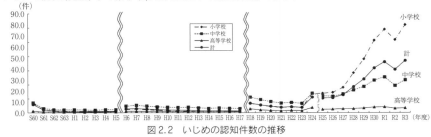

図2.2　いじめの認知件数の推移

注：平成6年度からは特殊教育諸学校，平成18年度からは国私立学校を含める。平成25年度からは高等学校に通信制課程を含める。平成17年度までは発生件数，平成18年度からは認知件数。平成6年度および平成18年度に調査方法等を改めている。

出所：図2.1に同じ。

GIGA スクール構想のもとで，ICT（情報通信技術）を活用する環境が整備され，子どもたちが多様な人々とつながり直す機会は広がった。しかし，教師が見えにくい世界で，SNS 等を使った他者の心身への攻撃と，子どもの心的外傷体験（PTSD）の危険も高まった。ここでも，いじめが水面下で広がる可能性が広がった。このような状況において，生徒指導に何ができるのだろうか。

（2）いじめ防止対策推進法

　2013（平成 25）年に施行された「いじめ防止対策推進法」（平成 25 年法律第71 号）第 2 条第 1 項によると，「この法律において「いじめ」とは，児童等に対して，当該児童等が在籍する学校に在籍している等当該児童等と一定の人的関係にある他の児童等が行う心理的又は物理的な影響を与える行為（インターネットを通じて行われるものを含む。）であって，当該行為の対象となった児童等が心身の苦痛を感じているものをいう。」と記されている（なお，起こった場所は学校の内外を問わない）。

　この「いじめ防止対策推進法」の第 1 条にはその目的が次のように記されている。

　　この法律は，いじめが，いじめを受けた児童等の教育を受ける権利を著しく侵害し，その心身の健全な成長及び人格の形成に重大な影響を与えるのみならず，その生命又は身体に重大な危険を生じさせるおそれがあるものであることに鑑み，児童等の尊厳を保持するため，いじめの防止等（いじめの防止，いじめの早期発見及びいじめへの対処をいう。以下同じ。）のための対策に関し，基本理念を定め，国及び地方公共団体等の責務を明らかにし，並びにいじめの防止等のための対策に関する基本的な方針の策定について定めるとともに，いじめの防止等のための対策の基本となる事項を定めることにより，いじめの防止等のための対策を総合的かつ効果的に推進することを目的とする。

　この条文に記されているように，ここでいう「いじめの防止等」とは，いじめの未然防止，いじめの早期発見，いじめへの対処（具体的な措置）を意味している。具体的な措置については，この法律の第 11 条および第 12 条に基づいて，国と地方公共団体が，「いじめ防止基本方針」を策定している。地方公共

団体の中には，子どものいじめの防止に関する条例を制定し，いじめ防止に関する積極的な支援の枠組みを構築しようとしている地域もある。

　また，2013（平成25）年5月16日の文部科学省による「早期に警察へ相談・通報すべきいじめ事案について（通知）」の中でも強調されているように，「いじめ」の中には，犯罪行為として取り扱われるべきと認められ，早期に警察に相談することが重要なものや，児童生徒の生命，身体または財産に重大な被害が生じるような，直ちに警察に通報することが必要なものが含まれる。これらについては，教育的な配慮や被害者の意向を配慮し，早期に警察に相談・通報のうえ，警察と連携した対応を取ることも必要である。

　もとより，法律や条令が制定されるだけで，いじめの問題が自動的に解決されるわけではない。子どもの生命と尊厳を守り，いじめを未然に防止するために求められる教育的な環境を，地域社会のあらゆる関係機関と連携しながら，どのように構築できるのか，という問いを解決するための政策や教育実践のあり方が厳しく問われている。

（3）孤立化・無力化・透明化

　いじめ問題に取り組むために必要なのは，子どもが幼い頃から，その育ちにふさわしい養育環境を保障できるような社会政策を実現していくことである。また，子どもに問題が起きてから事後に対応する生徒指導・教育相談だけでなく，子どもたちが，自分たちの生活を自分たちで改善していけるような生徒指導・教育相談のシステムを構築していくことである。そして，多様な子どもの発達特性を理解し合い，ともに育ち合えるような教室環境を創り合っていくこと（多文化共生の学級集団づくり）も重要である（第4章，第5章を参照）。

　身体的いじめ，言葉によるいじめ，交友関係いじめ，サイバーいじめ（ネットやSNSを使ったいじめ）など，その現象形態は多様だが，国際的には，いじめを他者への絶えざる抑圧的行為，あるいはパワーの不均衡とその濫用と定義づける研究もある。ある環境のもとで，絶対的に優位な力を持ち得る者と，その力を持ち得ない者との間に，著しく不均衡な関係性が生まれ，前者が後者に対して

一方的かつ断続的にその力を濫用することを「いじめ」と捉える考え方もある。

　一方，精神科医の中井久夫は，自己の経験を振り返りながら，いじめは，一般に，孤立化，無力化を経て，透明化へと進むと述べている（中井 2016）。つまり，誰の助けも得られないし，自分は孤立無援だと感じて「孤立化」する状態から，逆らっても，逃げようとしても，耐え続けても，何をしても無駄だと感じて「無力化」する状態になり，それが放置された場合には，やがて自分を周囲から見えにくい存在にして，ぎりぎりの状況で生命を保つ「透明化」へと進むと分析しているのである。

　そうだとすれば，教育現場では，何よりもいじめを受けた子どもの立場に立った早期の適切な対応と，いじめを受けて心に深い傷を負った子ども（いじめられた子ども）への理解と支援のあり方が問われる。さらには，二度と悲しい事態を起こさないためにも，いじめの加害者となった子ども（いじめた子ども）や，いじめの聴衆や傍観者となった子ども（いじめを周りで煽ったり黙認したりしていた子ども）を，どのように理解し，支援・指導していくのか，ということも厳しく問われている。

6　不登校の子どもへの理解と支援

（1）漸増し続ける不登校

　一方，不安や葛藤を心の奥深くに抱えざるをえなかった子どもたちの中には，それを不登校という形で表出し，学校や社会に根源的な問いかけをしはじめた。2000 年代から 2010 年代になっても，不登校やその傾向の強い子どもたちの中に，学校という社会に適応することに深い違和感を抱きながら，必死に適応を試み続けた子どももいた。

　その中には，学校に憧れ，むしろ学校に懸命に適応しようとして，それがうまくいかない自分を責め，自己否定感を強め，苦しみ続けている子どももいた。また，他者とともにありながら，自分が自分であって大丈夫だという実感（自己肯定感）や，その土台となる居場所が，どこにも見つけられずに，生きづらさを抱え続けている子どもや若者も少なくなかった。

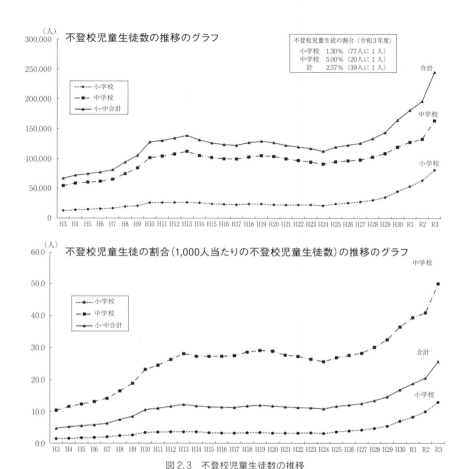

図2.3　不登校児童生徒数の推移

注：調査対象：国公私立小・中学校（小学校には義務教育学校前期課程，中学校には義務教育学校
　　後期課程及び中等教育学校前期課程，高等学校には中等教育学校後期課程を含む。）
出所：文部科学省「令和3年度児童生徒の問題行動・不登校等生徒指導上の諸課題に関する調査結
　　果の概要」（令和4年10月27日）

　文部科学省の調査によると，1980年代前後以降から，全国で，不登校の子
どもは増え続け，1990年代初めには全国で13万人を越えた。その数は漸増し
続け，2021（令和3）年には，24万人を超えた（図2.3）。

（2）教育機会確保法

　このような状況のなか，2016（平成 28）年に「義務教育の段階における普通教育に相当する教育の機会の確保等に関する法律」（通称「教育機会確保法」）が成立し，2016 年 12 月に公布され，2017 年 2 月に全面施行された。この法律の目的と基本理念は，以下のとおりである。

　（目的）
　第一条　この法律は，教育基本法（平成十八年法律第百二十号）及び児童の権利に関する条約等の教育に関する条約の趣旨にのっとり，教育機会の確保等に関する施策に関し，基本理念を定め，並びに国及び地方公共団体の責務を明らかにするとともに，基本指針の策定その他の必要な事項を定めることにより，教育機会の確保等に関する施策を総合的に推進することを目的とする。
……中略……
　（基本理念）
　第三条　教育機会の確保等に関する施策は，次に掲げる事項を基本理念として行われなければならない。
一　全ての児童生徒が豊かな学校生活を送り，安心して教育を受けられるよう，学校における環境の確保が図られるようにすること。
二　不登校児童生徒が行う多様な学習活動の実情を踏まえ，個々の不登校児童生徒の状況に応じた必要な支援が行われるようにすること。
三　不登校児童生徒が安心して教育を十分に受けられるよう，学校における環境の整備が図られるようにすること。
四　義務教育の段階における普通教育に相当する教育を十分に受けていない者の意思を十分に尊重しつつ，その年齢又は国籍その他の置かれている事情にかかわりなく，その能力に応じた教育を受ける機会が確保されるようにするとともに，その者が，その教育を通じて，社会において自立的に生きる基礎を培い，豊かな人生を送ることができるよう，その教育水準の維持向上が図られるようにすること。
五　国，地方公共団体，教育機会の確保等に関する活動を行う民間の団体その他の関係者の相互の密接な連携の下に行われるようにすること。

　もとより，この法律が成立したことで，不登校の子どもの理解と支援に関する問題がすぐに解決するわけではない。不登校の子どもは，何らかの理由で学校に行けない（行かない）状況にある。その理由は極めて複雑で，誰一人として同じ理由で不登校になっている子どもはいない。そして何よりも，不登校の

子どもは，「不登校」という状況にあっても，それぞれのかけがえのない人生を懸命に生きている一人の人間である。

　寄り添い歩む他者と出会い直しながら，不登校を経験している子どもは，かけがえのない人生を，日々，学び，考え，生きている。その生活者としての声に耳を傾けながら，その子どもの固有な人生の歩みにふさわしい学びの環境をすべての子どもに保障していくことも，生徒指導の課題である。そして，すべての子どもに居場所があり，安心して学び合い，育ち合える学校の教育環境を地域の人々とともにつくり合うことも，生徒指導の重要な課題である。そのことを通して，かけがえのない子どものウェルビーイングを促進し合う社会的な教育環境を構想し合うことも，教育相談や生徒指導を担う教師の喫緊の課題である。

７　多職種協働とオープンダイアローグ

　子どもの問題行動は，標準化された社会・文化の制度への不適応や逸脱として表出することが多い。このような行動が，個人と環境との「間」で生まれるのだとすれば，子どもの問題行動は，ある社会や文化のシステム，あるいはそこにおける教育環境の問い直しを求めるメッセージだと捉えられる。そうだとすれば，子どもの問題行動は，人間としての育ちにおいて特別な配慮を要する子どもが，ある社会や文化の中で，他者とともに人間らしく生活し，学習したいという根源的な願いの表現だと受けとめることもできる。つまり，子どもの問題行動を，子どもから教師への正当な援助要請として捉え直し，それにふさわしい支援や指導のあり方を，教師とカウンセラー等が連携しながら考えることが求められているのである。

　教育相談機能を重視した生徒指導では，教員，SC，SSW 等が協働する生徒指導が必須である。これからの生徒指導において，子どもの声を聴き，その声と対話し，その子どもの自己決定を支援していくことが重要である。とくに，子どもの教育相談と生徒指導を一体化した多職種協働では，チームとしてそれぞれの職種（専門性）を尊重し合いながらも，安易な役割分担（無責任な分業構

造）にならない配慮も必要である。そのためには，子どもの理解と支援に責任
をもつ教師自身が，互いの声を聴き合い，語り合い，時間をかけて希望の物語
を紡いでいく経験をすることが不可欠である。当事者の語りを聴き合うナラ
ティブ・アプローチや，北欧発祥のオープンダイアローグの精神と実践は，そ
のような可能性を開く重要な糸口になると考えられる。

深い学びのための課題

1．暴力行為，いじめ，不登校などの「個別の課題」の背景に共通する社会的な課題に
ついて考えてみよう。
2．教育相談を重視した生徒指導と，教育相談を軽視した生徒指導の違いについて具体
例をあげて考えてみよう。

引用・参考文献

川原茂雄（2020）『ブラック生徒指導―理不尽から当たり前の指導へ』海象社
庄井良信（2005）『自分の弱さをいとおしむ―臨床教育学へのいざない』高文研
セイックラ, J. & アーンキル, T.著，斎藤環訳（2019）『開かれた対話と未来―今この瞬間に他者を思いやる』医学書院
高垣忠一郎（2021）『悩む心に寄り添う―自己否定感と自己肯定感』新日本出版社
武田詩織（2021）『学校教師における教育相談の専門性に関する研究』（修士論文）北海道教育大学大学院教育学研究科学校臨床心理専攻
中井久夫（2016）『いじめのある世界に生きる君たちへ―いじめられっ子だった精神科医の贈る言葉』中央公論新社
日本生活指導学会・竹内常一編（2010）『生活指導事典―生活指導・対人援助に関わる人のために』エイデル研究所
本山智敬・坂中正義・三國牧子編著（2015）『ロジャーズの中核三条件：一致』創元社
文部科学省（2022）「生徒指導提要」［WEB 閲覧可］
Neff, K.（2015）*Self-compassion: Stop beating yourself up and leave insecurity behind*, HarperCollins Publishers.
Tomasello, M.（2021）*Becoming human: A theory of ontogeny*, Belknap Press: An Imprint of Harvard University Press.

　今，学校教育は価値観の転換期に入っている。「生きづらい世の中」を前提にしてサバイバルスキルを鍛えるために（時に不適切な）試練を課すのではなく，インクルーシブ教育システムの考え方に基づき，誰もが生きやすい「共生社会」の形成者を育てることこそが 2017 年告示の学習指導要領における「社会に開かれた教育課程」（よりよい学校教育を通してよりよい社会を創る）の究極の目的ともいえそうである。そのためには，学校・学級が「共生社会」として生きやすい環境，安心・安全な場所であることが大前提である。今から 30 年以上前に約 2 年間の不登校を経験した筆者は，最近このような視点から学校を見つめ直している。

　青年心理学者コールマン（Coleman, J. 1974）の焦点モデル（focal model）では，多くの青年が一つずつ問題に焦点を合わせてそれを乗り越えている一方で，複数の問題に同時に直面している青年は焦点を絞りきれずに結果として不適応に至りやすいことが示されている。学校を欠席するという現象には，一人ひとり異なる事情や背景があり，一見小さな出来事や経験であっても「最後の藁 1 本」の喩えのように重大な結果をもたらすことがある。例えば，筆者の不登校の直接的な始まりは風邪で 3 日間休んだことであったが，その直前の半年から 1 年の間に親の病気と転職，家計急変，転居・転校，第二次性徴，学業不振，いじめなどのさまざまな要因が重なり，今にして思えば発達障害的な傾向も背景にあったと思われる。ゆえに「不登校の児童生徒にどのような声を掛けたらよいか」という問いには決まった答えはなく，A さんには効果的だったメッセージが B さんには逆効果であったり，同じ A さんでもある時点

で拒絶された働きかけが別の時点では受け入れられたりするようなことがあっても不思議ではない。一人ひとりの個人差を見取る複数の座標軸を常に意識した「見立て」に基づきながら，必要に応じて校外の専門機関等との多職種連携の可能性も視野に入れて，校内のさまざまな分掌の先生と連携してチームで支援するという具体的な「手だて」を選択したい。

　文部科学省による「児童生徒の問題行動・不登校等生徒指導上の諸課題に関する調査」では，年度間に連続または断続して 30 日以上欠席している児童生徒のうち「何らかの心理的，情緒的，身体的，あるいは社会的要因・背景により，児童生徒が登校しないあるいはしたくともできない状況にある者（ただし，「病気」や「経済的理由」，「新型コロナウイルスの感染回避」による者を除く。）」として不登校が定義され，小学校で約 1.3％の児童が，中学校で約 5.0％の生徒が，すなわち全国では 24 万人以上（2021 年度）児童生徒が該当している。ここで注意が必要なのは，「病気」や「経済的理由」等を「除く」としつつも，上述したように複数の要因が重なっているケースがあること，とくに病気や体調不良として本人や保護者から学校に欠席の連絡がなされていても，その中に不登校として捉えるべきケースが潜在しているかもしれない。また逆に，心理的要因による不登校と見られていたケースの中に内科的な病気が潜在していることも決して稀ではない。筆者が出会った例では甲状腺疾患や手術の必要な腫瘍が見つかったケースもあり，医学的研究では小児慢性疲労症候群との関連も指摘されている（水野・上土井・渡辺 2019 など）。経済的理由についても，幼少のきょうだいの面倒を見るために学校に来ら

れないような「ヤングケアラー」のケースをはじめ，保護者もひきこもりの状態にある（子どもが不登校になり保護者も外出しづらくなった，あるいは保護者が先にひきこもりになり子どもの生活が影響を受けた）場合など，児童相談所等の福祉の専門機関との連携による家族支援が必要なケースも見られる。ゆえに，「本人の努力が足りない」「親としての自覚に欠けている」などと当事者を責めることは，決して問題の解決にはつながらず，信頼関係が崩れて悪循環に陥るリスクの方が大きい。近年配置が進みつつあるスクールソーシャルワーカーとの連携を大事にしたい。

また，注意欠如・多動症（ADHD）や限局性学習症（LD），自閉スペクトラム症（ASD）などの発達障害が背景の一つになっている可能性についても考えておきたい。決して発達障害だから必ず不登校になるという話ではなく，あくまで不適切な環境要因が加わることによる「二次障害」として不登校が生じることがあるという理解が重要であり，医師による診断がある場合には個に応じた「合理的配慮」を提供することになる（具体的には「個別の教育支援計画」の作成に保護者も参加して「合理的配慮」の内容について合意を形成する）。2016年4月に施行された障害者差別解消法では，この「合理的配慮」の提供が法的義務として定められ，学校教育以外の場面でも適用されることを知っておきたい。そして，診断がついていない場合にも，ユニバーサルデザイン（UD）の視点からすべての児童生徒にとって学びやすい環境づくりとしての教育的配慮が期待される。

加えて，いじめ防止対策推進法が2013年に施行され，第28条第1項に定められている「重大事態」には，いじめによることが疑われる相当期間の欠席も含まれている。筆者はこの法律に基づく重大事態の調査（いわゆる第三者調査委員会）に複数の自治体で携わっているが，上述した合理的配慮やユニバーサルデザインの視点に欠けた状況において，配慮をしない先生の姿勢を真似たともいえる児童生徒の行為がいじめとして認知され，結果として不登校という重大事態に至っているという構図が共通して浮かび上がってくる。第22条で必置とされている学校いじめ対策組織（校内委員会等）を中心に，特別支援教育コーディネーターやスクールカウンセラーとの連携が必須であるが，現状では，いじめが背景にある不登校の多くが重大事態として認知されていないまま埋もれていることが危惧される。

最後に，不登校児童生徒を対象とした「居場所」の活用に触れておきたい。民間のフリースクールやフリースペース，そして公的な支援機関として自治体・教育委員会が設置する教育支援センター（適応指導教室）が代表的であるが，こうした場でいきなり「学校復帰」を第一目標とした働きかけをするのではなく，まずは「心の居場所」として過ごすことを重視した支援の方が，結果として後々の「復帰率」が高いというデータも見られる（樋口2013）。もちろん，年度内に復帰するとは限らないので，小学校から中学校，中学校から高等学校等への学校種間の移行支援というキャリア形成的な視点をもち，場合によっては大人のひきこもり支援の枠組みへの接続を図りながら，切れ目のない支援を実現することが課題である。2016年12月には教育機会確保法（義務教育段階における普通教育に相当する教育の機会の確保等に関する法律）が成立し，不登校特例校や夜間中学，通信による学習支援（ICTの活用等）などが広がると予想される。今後も教育相談や居場所としての学校図書館や校内サードプレイス等の充実，高等学校における通級指導の

実施，大学における障害学生支援など，進学先での支援体制の拡充も見通しながら，

目の前の児童生徒にとっての最善の利益を追求したい。

引用・参考文献

樋口くみ子（2013）「「教育支援センター（適応指導教室）」の四類型」『独立行政法人国立青少年教育振興機構青少年教育研究センター紀要』第2号，50-59頁

水野敬・上土井貴子・渡辺恭良（2019）「小児慢性疲労症候群―不登校と脳機能」『リハビリテーション医学』第56巻，第6号，469-475頁

Coleman, J.（1974）*Relationships in adolescence*, Routledge and Kegan Paul, London.

■コラム③　いじめ問題の歴史といま

日本におけるいじめの歴史は，大きくは4つの時期に分けて見ることができる。

1980年代は校内暴力が深刻な社会問題になった時期であったが，その中で1985年に起こった，東京の中学生だった鹿川君の残酷ないじめによる自殺事件は，いじめが人倫に関わる，時には人命に関わる危険なものとして，広く認知されるきっかけとなるものであった。

1994年，再びいじめによる深刻な被害が社会問題になった。愛知県の大河内君のいじめ自殺事件は，長期間にわたる多額の金銭強要も含めたいじめが社会を震撼させ，文部省（当時）は急遽，いじめ緊急対策会議を設置し，「緊急アピール」も発表している。また，翌1995年度から不登校問題も含めた対策としてスクールカウンセラーの配置が始まり，心理的な対応が日本の学校に急速に普及していくことになった。

2005年の小6女子，2006年の中2男子等の自殺が再びいじめ問題を社会問題にすることになった。当時の内閣主導の教育再生会議では，いじめた子に対する出席停止措置の活用，懲戒の行使等，処罰主義的な対策が出され，いじめ対策が教育的・心理的な対応から変化していくことになった。

2011年に滋賀県大津市で起こった中学生のいじめ自殺事件は，大きく報道され，さらに社会のいじめに対する関心を高め，翌2012年のいじめ防止対策推進法の制定

へと結びついた。いじめ問題が法制定にまで至ったのである。そして，この法律では，処罰主義の傾向がさらに強まっている。

いじめの原因については，いじめる子の抱えるストレスや攻撃性を要因と考える説が多く，その観点からの，子どもの攻撃性の早期発見・改善，いじめの人権侵害性の学習，コミュニケーショントレーニングが欧米ではいじめ予防・解決策として行われており，邦訳された文献が多数ある（オルヴェルスら 2013，スミスら 1996）。

いじめる子の攻撃性の中にある嗜虐性を具体的な事例で論じる内藤朝雄は，そのような攻撃性を生まない学級解体等，学校制度の改革を主張している。また，いじめを社会・民主主義の問題＝人間関係の非民主性，市民社会の未形成として論じているのが，「いじめの四層構造」（いじめが，加害者，被害者，見て面白がる観客，見て見ぬふりをする傍観者という四層の子どもたちが絡まり合った構造の中で起こっているとみる）で知られる森田洋司である。

さらにここ数年は，「スクールカースト」という言葉で，容姿，成績，運動神経等により子ども世界に「地位」が形成され，そこからいじめが起こることが多いと論じる鈴木翔等の主張も注目されてきた。その他にも山脇由貴子『教室の悪魔』（ポプラ社，2006年）等，いじめの構造・原因・対策に関してはさまざまな論が展開されており，

教師になるものは，いじめについて深く学び考えていくことが求められている。

いじめについての文部科学省の定義は，いじめが大きな社会問題になるたびに変更されてきている。いじめ防止対策推進法の施行により，2013 年度からは，いじめは次のように定義されている。「児童生徒と一定の人的関係のある他の児童生徒が行う心理的または物理的な影響を与える行為（インターネットも含む）で，行為の対象の児童生徒が心身の苦痛を感じているもの」。

2017 年 3 月，文部科学省が，いじめ防止対策推進法に基づいて定める基本方針の改定に合わせて「重大事態」と呼ばれる深刻ないじめ調査に関するガイドラインを作成した。いじめについて実態把握から調査結果を踏まえた対応に至るまで行政の関与（確認，指示）が定められ，いじめに対する学校の対応についても細かな具体的方策が確立されることになった。

ガイドラインでは，「(学校，教育委員会は）いじめを受けた児童生徒らの「いじめの事実関係を明らかにしたい」との切実な思いを理解して対応すべきで，「学校に責任はない」と判断してはならない」と強調している。いじめに対する学校側の対応には，いじめられた側の児童生徒・保護者の問題点をあげて真摯に受け止めないケースが残念ながらまだ多く見られ，そのような対応が被害者感情を重視する世論から厳しく指弾されていることが，ガイドライン作成の背景にはあったと思われる。

従来は，学校内での物理的ないやがらせ・暴力が多かったいじめの様態が，ここ数年で大きく変わろうとしている。文部科学省のいじめ調査では，「パソコンや携帯電話などでひぼう・中傷や嫌なことをされる」がいじめ内容の中で増加しており，GIGA スクール構想の実施により小中学校等で 1 人 1 台端末配布が実現する中で，すでに端末を用いたいじめが発見されるようになっている。学校・教室の中でのいじめ予防・早期発見・対処と同時に，学校外，SNS 等にもアンテナを張って，いじめを防いでいくことが，これからの教師には強く求められていくことになるであろう。

引用・参考文献

オルヴェウス，D., リンバー，S. P. 著，小林公司・横田克哉監訳（2013）『オルヴェウス・いじめ防止プログラム―学校と教師の道しるべ』現代人文社

鈴木翔（2012）『教室内カースト』光文社新書

スミス，P. K., シャープ，S. 編，守屋慶子・高橋通子監訳（1996）『いじめととりくんだ学校―英国における 4 年間にわたる実証的研究の成果と展望』ミネルヴァ書房

内藤朝雄（2009）『いじめの構造―なぜ人が怪物になるのか』講談社現代新書

森田洋司（2010）『いじめとは何か―教育の問題，社会の問題』中央公論新社

第3章

児童生徒理解と生徒指導
―他性（alterity）としての子どもと出会い直すとき―

はじめに

　生徒指導は，児童生徒理解にはじまり，児童生徒理解に終わるといわれる。出会った子どもと，語り合い，学び合うことを通して，教師は，子どもの人生そのものと出会い直す。その過程は，経験を積んだ教師でも，決して平坦なものではない。生徒指導における教師と子どもとの出会い直しは，不安や戸惑いの連続である。そこを超え，ある日，大地の裂け目から微かな光が立ちのぼる瞬間が訪れる。そのとき教師は，児童生徒理解の驚きと喜びを経験する。

　改訂された「生徒指導提要」（2022）（以下，「提要」（2022））によると，生徒指導には2つの方法原理がある（p.23）。一つは児童生徒理解の原理である。これは，幼児を含む子ども理解を深め続けることが，生徒指導の質を高め続けることになるという方法原理である。もう一つは，集団指導と個別指導の原理である。これは，集団への指導を通した個人への指導，あるいは個人への指導を通した集団への指導という複合的な視点を含む方法原理である。

　本章では，生徒指導の方法原理の一つである児童生徒理解（以下，本章では，「提要」の引用等で使用するとき以外は，原則として「子ども理解」と表記する）について，教育現場や保育・療育現場のエピソードや事例に言及し，幼児を含む子ども理解の枠組みについて再考する。後半は，フランスの心理学者，アンリ・ワロン（Wallon, H.）の視座から子ども理解の枠組みについて問い直したい。

1　子どもの「生活世界」に触れる

（1）他者への理解を深めるということ

　生徒指導は，現代社会を生きる子どもの生活現実に触れ，心の「痛み」に触

れ，いのちの輝きに触れ，その伸びゆく芽（発達の最近接領域）に働きかける仕事である。だからこそ，生徒指導には，他者理解を深める叡智と思慮深さが求められる。その意味で，児童生徒理解は，教職の経験年数にかかわらず，教師が（ときには他の専門職とチームを組んで）学び続ける必要がある方法原理の一つである。

　児童生徒理解について，「提要」（2022, p.23）では，子どもの複雑な心理や人間関係の理解の難しさについて，次のように記述されている。

　生徒指導の基本と言えるのは，教職員の児童生徒理解です。しかし，経験のある教職員であっても，児童生徒一人一人の家庭環境，生育歴，能力・適性，興味・関心等を把握することは非常に難しいことです。また，授業や部活動などで，日常的に児童生徒に接していても，児童生徒の感情の動きや児童生徒相互の人間関係を把握することは容易ではありません。さらに，スマートフォンやインターネットの発達によって，教職員の目の行き届かない仮想空間で，不特定多数の人と交流するなど，思春期の多感な時期にいる中学生や高校生の複雑な心理や人間関係を理解するのは困難を極めます。したがって，いじめや児童虐待の未然防止においては，教職員の児童生徒理解の深さが鍵となります。

　教職の経験年数にかかわらず，生徒指導において，子どもを理解するということ，あるいは，子ども理解を深め続けるということはとても難しい。ある子どもの生来の特性（持ち味）は，そもそも異なっている。小学校1年生の子どもに共通する一般的な発達特性について理解するだけでは，担任の教師が日々出会い直している「具体的」な子どもを理解したことにはならない。もしわかることがあるとすれば，その小学校1年生の子どもが，6年数か月という人生を立派に生きてきたという尊敬すべき事実である。

　たしかに，ある6歳の子どもには，異なった生物的特性，心理的特性，社会的特性がある。しかし，これらの諸特性は，1人の人間の中で，複雑にかかわり合っている。また，人間は，多面的ではあるが，諸特性の総和が，その子の全体としての特性になるとは限らない。子どもを理解するための観点を多様にもつことは必要である。しかし，その子の存在（being）そのものを，その社会生活の土台を含めて，まるごと理解することは，決して簡単なことではない。

さらに，デジタル社会（Society 5.0）を展望し，現代社会を生きている子どもは，現実の生活世界と，SNSやネット空間などで虚構化された生活世界を同時に生きている。現実の生活世界と，バーチャルな生活世界との行き来は，スピードを増し，身体で環境と響き合いながら現実を感受する機会も少なくなっている。とくに，関係論的な問いに鋭敏になる思春期の子どもの場合，身体が感受するリアルな感覚と，脱身体化したバーチャルな感覚が混濁し，それが「生きづらさ」の一因になることも少なくない。

（2）出会い直しの物語を語り合う

　子ども理解は，複雑で難しい。子どもは，わかりたくてもわからない他者である。あるいは，わかりたいと思うほどにわからなくなる他者である。教師は，日々新たな気持ちで子どもと出会い，出合い直していく。そのプロセスで生まれる驚きと困惑の物語（ストーリー）を，信頼できる同僚や多職種の人々と語り合うことを通して，はじめて子ども理解に豊かな奥行きが生まれる。例えば，「提要」（2022）では，次のように記述されている。

> 　児童生徒や保護者に対して，教職員が積極的に，生徒指導の方針や意味などについて伝え，発信して，教職員や学校側の考えについての理解を図る必要があります。例えば，授業や行事等で教職員が自己開示をする，あるいは，定期的な学級・ホームルーム通信を発行することなどを通して，児童生徒や保護者に教職員や学校に対する理解を促進することが大切です。
> (p.24)

　ここで指摘されているように，生徒指導における子ども理解では，職場の教師どうしでも，他の職種の人々とも，子ども理解を深め合うカンファレンスが必要である（福井 2009）。子ども理解について，学校の同僚や地域の多職種の人々と心を開いて語り合う対話が重要である。互いに責め合う関係性を，互いに支え合う関係性に組み替えていくためにも，生徒指導において子ども理解を深め合うオープンダイアローグが必要なのである（斎藤 2015）。

2 ビーイングとしての理解とドゥーイングとしての理解
―自分らしく「居る」ことを模索する

　生徒指導における子ども理解では，その存在そのものの承認が必要である。つまり，ある子どもが，いま，ドゥーイング（doing）として何を為すことができるのか，何の役にたつのか，という眼差しよりも，その子どもが，ビーイング（being）として，他者との関係性の中でどのように居ることができるのか，という眼差しが求められる。「提要」（2022, p.13）では，生徒指導の目的について，次のように記述されている。

> 　生徒指導の目的は，教育課程の内外を問わず，学校が提供する全ての教育活動の中で児童生徒の人格が尊重され，個性の発見とよさや可能性の伸長を児童生徒自らが図りながら，多様な社会的資質・能力を獲得し，自らの資質・能力を適切に行使して自己実現を果たすべく，自己の幸福と社会の発展を児童生徒自らが追求することを支えるところに求められます。 （下線は筆者）

　存在そのものを無条件に承認された子どもと，いつも条件付きでしか承認されなかった子どもでは，そこで育まれる自尊感情（self-esteem）の特性が根本的に異なる。いつも存在をビーイングで愛された子どもの自尊感情は，基本的に安定している。一方，つねにドゥーイングで愛された子どもの自尊感情は，不安定で傷つきやすい。生徒指導は，安心できる生活環境の中で，安定した自尊感情を育み，それを土台にして，その子に固有な資質・能力を形成し，その過程と結果において存在論的なウェルビーイングを促進していくことを重要な目的としている。

　日本では，保幼小の連携・接続が，保育・教育政策の一つの「要」になっている。また，小学校と中学校の間の生活と学びのギャップ（いわゆる「中1ギャップ」）の克服も，重要な政策課題となっている。これらの政策で問われている課題は，子どもの育ちと学びの連続性を保障するために，尊厳ある子どものライフ・キャリアにとってどのような教育環境の接続が可能かという問いである。そして，その接続のために教育の担い手（教育者：educator）たちが，どのように連携できるのかという問いである。

ここで接続されるべき教育（education）は，ケアと育みの統一体を意味している。そもそも教育とは，養護（エデュカーレ：educare）という意味と，子どもに眠り込んでいる潜勢力を発揮させる（エデュケーレ：educere）という意味とが不可分に結びついて成立した概念である。そうだとすれば，幼児期と児童期，あるいは，児童期と思春期で接続されるべき「教育」は，ケアと育みという意味を包摂した実践でなければならない。それを担うのも生徒指導の重要な役割の一つである。

3 日常生活の中で「自己」の発達を援助する

（1）コロナ禍（2020）の子どもの生活への影響

　保育者養成に携わり，保育の現場に身をおく立場からすると「生徒指導」という言葉にはなじみが薄い。保育は，養護と教育が一体となったかかわりである。保育では，遊びを中心として一人ひとりの子どもの育ちに寄り添う援助を行っていくことを基本としている。したがって，保育では目の前の子どもを「指導する」という視座がない。あるのは，子ども理解に基づいて，育ちを「援助する」という視座である。

　しかし，保幼小の接続という視点から考えると，乳幼児期の子どもの理解と援助と，児童期の子どもの理解と指導は，共通の発達理論に支えられていなければならない。一貫した発達の理論なしに，子どもの育ちにおける保幼小の円滑な接続は不可能だからである。このような問題意識から，本章の後半では，乳幼児期における子どもの理解と援助という世界と，児童期以降の児童生徒理解とそれに基づく指導という生徒指導の世界との発達論的な接続の課題について問い直したい。

　文部科学省が公刊した「令和3年度児童生徒の問題行動・不登校等生徒指導上の諸問題に関する調査結果」によると，2021年度の児童生徒の暴力は，7万6千件，いじめの認知件数は61万5千件であり，いずれも2019年をピークに2020年には一旦減少したが，2021年には再び増加に転じている。一方，2021年の不登校は24万4千人と過去最多となっている（第2章を参照）。文部

科学省は，その背景を，2020 年度以降の新型コロナウイルス感染症によって，学校や生活環境が大きく変化したことがあると分析している。突然の一斉休校やソーシャルディスタンスの要請によって，児童期や思春期の子どもどうしの間に，直接的なかかわりが希薄になり，そのことが，いじめや暴力が一次的に減少した要因となっていたのかもしれない。

　しかし，こうした状況は，同時に，子どもたちが得られるはずの学びの機会や経験が制約されることを意味していた。その結果として，子どもたちの不安や悩み，心身の不調，生活や学びで抱える問題は増大し，深刻化した。近年，学校現場では，子どもの問題行動が低年齢化している。そして，児童期から思春期の子どもでは，自己の感情をコントロールする力や他者とのコミュニケーションを通して問題を解決する力が低下している。乳幼児期から育まれるべき愛着（attachment）が未発達のため，児童期以降に愛着障害の疑いがある子どもが増えたという見解や，それゆえに，子どもどうしのコミュニケーションに関する日常的なトラブルが増えているという報告が，さまざまな研究会で聞かれるようになった。

（2）子ども理解と自己の発達の援助

　児童期以降のこのような事態をどのように受けとめればよいのだろうか。2010 年に「生徒指導提要」（以下「提要」（2010）と略記する）が刊行された。この提要には 3 つの特徴があった。ひとつ目は，小学校での生徒指導についても対象としていたこと，2 つ目は，子ども一人ひとりの課題に目を向けていたこと，3 つ目は，問題行動への対処ではなく，未然防止と，全校体制での生徒指導を目指していたことである。つまり，私たちは，2022 年に改訂される前の「提要」（2010）で重視されていた生徒指導を，子ども一人ひとりの育ってきた過程や一人ひとりの生活世界を理解したうえで，学校が安心できる居場所となるようにしていくためのものとして読み解いていく必要がある。

　さらに，「提要」（2010）によると，生徒指導とは「教育課程の内外において一人一人の児童生徒の健全な成長を促し，児童生徒自ら現在及び将来における

自己実現を図っていくための自己指導能力の育成を目指す」と記されていた。つまり，生徒指導は，ただ，子どもに何かを一方的に教え込んだり，訓練したりすることではない。あるいは，単なる問題の対処・対応やしつけやスキルなどを鍛錬することでもない。むしろ，すでに2022年に改訂される前の「提要」(2010) において，子どもの「自己実現」や「自己指導能力の育成」が重視され，児童期以降の生徒指導においても，日常生活の中で，一人ひとりの子ども理解を深め，自己の発達を援助していくことが重視されていたことを，再度，確認しておくことが必要である。

　改訂された「提要」(2022, p.24) においても，児童生徒理解（子ども理解）の重要性は，強調され続けている。そして，そのための環境整備の必要性について，次のように言及されている。

　児童生徒理解においては，児童生徒を心理面のみならず，学習面，社会面，健康面，進路面，家庭面から総合的に理解していくことが重要です。……（中略）……的確な児童生徒理解を行うためには，児童生徒，保護者と教職員がお互いに理解を深めることが大切です。児童生徒や保護者が，教職員に対して，信頼感を抱かず，心を閉ざした状態では，広く深い児童生徒理解はできません。

（下線は筆者）

「提要」(2022) におけるこのような指摘は，保育や幼児教育における子ども理解とその援助で蓄積されてきた考え方に通底している。生徒指導もまた，子ども一人ひとりの理解を深め，その子どもの自己の発達を援助することであり，その基盤となるのは，子どもの発達論的な理解だからである。以下では，まず，自己がどのように形成されているのか，その発達過程について，主にフランスの発達心理学者，アンリ・ワロン（Wallon, H.）の自我発達論を手掛かりに整理してみたい。そのことを通して，乳幼児から児童期以降までの連続した（ときに非連続を含む）発達の過程を視野に収めて，子どもを深く理解するとはどういうことかという問いについて考えてみたい。

4 自己の発達のプロセス―アンリ・ワロンの自我発達論

（1）行きつ戻りつ発達する

　フランスの発達心理学者で，医者であったワロンは，生涯にわたり，重度の知的障害のある子どもの臨床にありながら，ランジュヴァン・ワロン計画にみられる教育改革の中心となった教育者でもある。しばしばワロンは，同じ時期に活躍したピアジェ（Piaget, J.）と対比的に語られる。ピアジェは，子どもの認知機能に着目し，認知の発達を描いた。一方，ワロンは，子どもの発達を徹底してパーソナリティ（人格）の発達と捉えた。パーソナリティとは，浜田寿美男（1983）によると「周囲の人や物，時や場所の中で子どもが人としてどう存在しているか」ということである。そして，情動を土台として周囲の人々や環境，社会と結びつきながら発達すると考えた。

　私たちは発達というと，大きくなる，良くなるものという右肩上がりの発達段階のイメージを持ちやすい（段階モデル）。しかし実際は，反抗期もあり，情緒不安定になる時もある。ワロンは人間の発達を「適応行動」と「主体形成」という二つの機能のそれぞれの勢いが行ったり来たりする波のように繰り返して現れると考えた（波モデル）。適応行動の機能が勢いよく現れているときには，子どもはできることが増えて，積極的に環境とやりとりしながら新しいものをとり入れる。主体形成の機能が勢いよく現れる時期は，自分づくりにエネルギーを注ぎ，環境とのやりとりは影を潜める。ヴィゴツキー（Vygotsky, L. S.）にも同じような発想があり，危機的年齢期とそうでない安定期が，入れ替わり立ち替わり現れると考えた（川田 2009）。

　そうだとすると，引きこもったり，逆に暴力的になったりする子どもたちの状態に出会って，理解できないと思ったとき，それは，美しい蝶になって飛べるようになる（適応行動）前のさなぎの状態（主体形成）と捉えることができるだろう。それは，表面的には停滞したり，退行したりしているようでも，質的な発達を暗示しているといえる。では，ワロンはどのように自己の発達を描いたのだろうか。ワロンは，私という意識を自己として捉え，私以外の他の人を他者と呼ぶ。そして，自己の構造やメカニズムを説明するために，自我，第

二の自我という言葉を用いている。

（2）アンリ・ワロンの自己発達論
①運動的衝動の段階―共生の段階（0〜3か月）

　ワロンの発達論は，胎児期からスタートする。発達の最初の段階を子宮内生活の段階から生後3か月までの運動的衝動の段階を合わせて，生理的共生の段階と呼ぶ。生後3か月頃まで子どもは，自分では何もできないために，周囲の人に強く依存した生理的な共生の状態である。胎児の頃は，欲求は自動的に満たされていたが，誕生後は，欲求が満たされるまでにずれが生じる。その欲求は泣き声や体をけいれんさせるなどの筋肉運動として衝動的に表わされる。これに周囲のおとなが応答することで満たされる。このずれによる緊張の変化やバランスを通して自分を感じ始める。

②情動的段階―自他の混淆（3か月〜1歳）

　2，3か月頃になると乳児が母親の微笑みに応えて微笑み返す姿にみられるように，周囲と一体となる相互作用がみられる。情動的共生の段階である。ワロンはこの時期を人生において一番大切な時期だと考えた。やがて，その一体感は，世話をしていた人がそばを離れるだけで，自分の一部が失われたと感じるようにもなる。

　ワロンは自己意識の最初の状態を星雲にたとえている。さまざまな活動が，自分が原因なのか，他者が引き起こすものなのかはっきりわからないまま，自己は他者に溶け込んだままの状態である。やがて，他者とのやりとりの中に，ずれや驚きを感じるようになり，「一つの凝縮の核」が形をとってくるという（ワロン 1983 ②）。

③感覚運動の段階―自他の二重化・融即（1歳〜3歳）

　1〜2歳になると「人格はさきの拡散した状態から収縮して周囲の抵抗の核となり，ついで周囲のものを専有」しようとする（ワロン 1983 ④，p.238）。このころ子どもは一人歩きできるようになり，言葉の理解も進む。情動的段階で築いた信頼関係をもとにいたずらとも見える探索活動も始まり，子どもたちの

興味・関心と活動は，外の世界に向かっていく。

　1歳ころからちょうだい，どうぞといったやりとり，もらい遊び（やりもらい遊び）を楽しみ，2歳ころになると，「交替やりとり遊び」にふける。「交替やりとり遊び」とは，叩く／叩かれる，逃げる／捕まえる，隠れる／探すといったことを交互にやりとりして，する者とされる者の二つの役割を演じる遊びである。こうした遊びの中で子どもは「相手の人格，他者の人格を発見」し，他者性（第二の自我）を認識していく（ワロン 1983 ③，p.27）。つまり，まじりあった中からやりとりを通して，自分以外の他者を認識していくのである。やがて，実際の相手がいなくても，一人二役を演じて，自分一人で交替的な遊びをはじめるようになる。

　しかし，このときには，まだ自他が分化しているのではなく，自分に属するものと他者に属する者が二重化しているにすぎず，単に繰り返しやりとりするだけである。他者とは異なる自己として明確になっているわけではない。したがって，ワロンはこの時期を「他者への融即を通して，自我が他者から補完されなければならない時期」であるともいっている（ワロン 1983 ③，p.29）。融即（participation）とは，完全にまじりあった混淆状態と異なり，自分と他者は一応，分化していることを前提に自己が他者に融け込むように参加することを意味している。

　④自己主張の段階―自己（自我）の完成・同一化（3歳～6歳）

　やがて，3歳頃になると，交替やりとり遊びや一人二役的行動は消えて，子どもは人に反対することによって自分を確かめようとする。「イヤ」「ジブンデ」などあらゆるものへの反対は，本当に言われていること自体が嫌なのではなく，「わたしは先生とはちがうのよ」と他者とは違うことを宣言するものである。そして，他人はまったく自分の外に存在し，自分は一つの独立した存在だと考えるようになる。やがて，外の世界で繰り返された他者とのやりとりを取り込み，自我と第二の自我の対話が行われるようになると，この反抗はおちついてくる。

⑤多価的パーソナリティの段階（6歳〜11歳）

　6歳頃になると，子どもたちの中で，自己という人格が分化しはじめる。自分と他者は対等で，同じ価値をもった別の人格であること，場面によって役割や意味が多様であり，自分は可能性をもっているということについて考え始める。この段階をワロンは多価的パーソナリティーと呼びその特徴を次のように表現している。「対象や場面の種々異なる特性が，それぞれの全体のなかで互いに入り混じってごっちゃになるのではなく，それら諸特性が次第にうまく同定され分類されて，組織的にまた一貫したかたちでの比較や区別や同化が可能になるのです」（ワロン　1983④，p.242）。

（3）自他未分化な状態から一人の個性的な存在へ

　私たちは，乳児が無力で周囲のことはまだ理解できず，快・不快だけを表している閉じた状態であり，やがて環境とのやりとりを通して，社会化されていくと思いがちである。ワロンは，乳児を無力であるがゆえに「周囲の人々との共同性のなかに生き」ざるをえない「社会的存在」であり，「他者へと開かれた系」と捉える。ワロンが情動的段階と捉える（6か月を頂点とする頃）周囲の人々とのやりとり「する−される」を通して，だんだんと「自他を分化させて，一人の個性的存在として感じ意識していく」（田中　2009）のである。つまり，私たちは自他が未分化な状態から，やりとりを通して，補ってもらうことから，まじりあっていた自己と他者が区別されて，「私」が生まれていくのである。

　そうだとすると，子どもを理解できないと感じる時ほど，子どもの自己意識のレベルは，他者とまじりあっている状態であり，子ども自身もどうしていいかわからない自他未分化な状態であると考えられる。その時こそ，他者から何らかの働きかけが補完されなければならない時期でもある。見る−見られる，握る−握られる，抱く−抱かれる……乳児や幼い子どもであればそういう補い方があるだろう。学校で教師が子どもと（あるいは子どもどうしが）出会う現場ではどんな補完の仕方があるだろうか。

（4）第二の自我—自己と他者は一緒に形成される

　ワロンの叙述は非常に難解であるといわれる。それは，重度の障がいのある子どもの臨床にあり，その複雑な発達の現実をそのまま忠実に追おうとした結果でもあるが，山上（1997）も指摘するように，ワロンが「臨床現場の実際的な課題により近い視座から子どもの行動を理解する枠組みを提示して」いるからだということもできる。その枠組みの一つが「第二の自我」である。ワロンにおける「自己の発達」の捉え方の特徴は，「自他未分化な状態から自他分化」していくことにある。それだけではなく，「自己自身の感受性の内部に他者性を認識していく」と捉えていることも特徴的である。子どもは「役割を交互に演じることによって，それまで未分化であった自分自身の感受性の内部に他者性（l'alterité）を認識していく」（ワロン 1983 ③）。つまり，自分の中に自我ともう一つの自我が生まれ，二重化される。ワロンは，このもう一つの自我を，自我に対する「第二の自我」「内なる他者」「社会的自己」と呼んだ（ワロン 1983 ②③）。

　ワロンによると，第二の自我は，「他者に対置された自我が秘かに立てた欠くべからざる媒介者であり，また通訳」である。注目すべきは，自我と第二の自我の二重性は，乳幼児期のことだけではなく，生涯にわたって継続されるということである。一人二役会話は，自我主張期に入ると消えてしまうが，実際には，自我がコントロールするようになるから抑圧されているだけで，一人二役の相手は，心の中の対話として生き続けている。ワロンは，幻聴や二重人格などの病理現象は，この自我意識の二重性の証拠であるという（ワロン 1983 ②）。

　このように自己の発達をワロンの視座から考えると，「自己抑制の発達」に関する理解が深まる。つまり他者に対して「自分の意志を通すばかりでなく，自分を抑えることができるようになる」のではなく，他者とのやりとりを通して，自己と他者が二重化し，他者の声が第二の自我を通して聞こえてきて，対話をするようになると考えることができる。そうだとすると，自己抑制が難しい子どもは，自分を抑えることができない（我慢できない）のではなく，自我と第二の自我の対話が難しい状態にあると考えられるのではないだろうか。つまり，自我と第二の自我が分離，二重化しているけれど，相手の意志を自分自

身の意志として感じてしまって区別できなくなって葛藤している。その混乱した状態を整理し，第二の自我として，寄り添う他者の存在が重要であるといえるだろう。

　さらに，この第二の自我は，ある個人のうえに固定したものでもなく，「それ自体環境の産物にすぎず，自我と実在する周囲の者たちのあいだの媒介者としてはたらくもの」である（ワロン 1983 ③，p.42）。ワロンはそれが，集団である場合もあるという。だから，乳幼児期には，養育者などの特定の意味をもつ他者とのやりとりをとりこむことで，自我と第二の自我の二重化と対話が成立し，自己主張期を迎えたあとは，さまざまな関係を結ぶ中でそれが豊かに形成されていく。例えばこんなことしたら○○ちゃんならこういうだろうな，○○先生ならこうするかもしれないな，というように自己内対話が豊かになり，自己を形成していくのである。

　普段，私たちは，自分がいて他者がいる，教師である自分がいて，子どもという他者がいると考えて子どもを理解しようとする。そこに第二の自我という視点をおいてみると，目の前の子どもは，自我と第二の自我が二重化しているだろうか，まだ混沌としたままではないか，二重化しているがまだ補完する必要があるのではないか，さまざまな人々とのかかわりの中で豊かな第二の自我が形成されているだろうかと，新たな問いを立てることができる。そのことで子ども理解の仕方も変わってくるのではないだろうか。

5　幼児を含む児童生徒理解の枠組み

（1）メッセージを受け取ることの難しさ

　ワロンにおける自己の発達に関する考え方を参照し，以下，子どもを深く理解することについて考えていきたい。

　筆者は，学生や現場の教師，援助者を対象に，子ども理解を深めてもらうとき，しばしば，赤ちゃんの人形を使った演習を行う。生まれたばかりの赤ちゃんに設定されている人形を抱っこしてもらうが，子育て経験や年が離れた兄弟姉妹がいる場合は，抱き方も慣れた手つきである。赤ちゃんなんて見たことも

触ったこともない，といって汗をかいている参加者には，まずは，その重み，小ささ，その柔らかさを感じてもらう。そのうえで問いかける。「赤ちゃんが泣きだしました。どうしますか」と。そして，順番に 10 人ほど，自分ならどうするのかを実際に実演してもらう。一人目は，だいたい，よしよしと揺すってみるという答えがかえってくる。うろうろ歩いてみる，外に出てみる，抱き方を変えてみる，あやす，歌をうたうなど……環境を変えてみることを試みる。やがて，ミルクをあげる，オムツを替える，洋服を脱がせてみるなど，赤ちゃん自身の体の内部の要求をくみ取る対応が出てくる。

　私は，子ども理解の原風景は，この泣いている赤ちゃんをどうするか，ということにあるように思う。言葉をもたない赤ちゃんは，泣くということでしか，周りに要求を伝えることができない。そうだとすると，泣くということは，赤ちゃんからのメッセージである。しかし，おとなから見れば，泣かれることは，困った行動で，どうしたらいいかわからず，おろおろしてしまう。赤ちゃんには，周囲と響きあう力が備わっており，言葉以外の雰囲気や相手の感情を察知して泣く。かかわるおとなが焦れば焦るほど，赤ちゃんはその気持ちを察してますます体をこわばらせて泣くのだ。援助者は赤ちゃんを取り巻く環境や家庭での様子を確認する。それでも，どうしても理解できない泣きもある。

　小学生，中高校生になれば，赤ちゃんのように声をあげて，体でメッセージを出さなくなる。すねたり，暴れたり，時には嫌だけど笑ってみたり，嬉しいけど喜べなかったり，どんな感情も怒りとなったり，感情の表現が複雑になる。援助者の理解の方法も，赤ちゃんのように抱きかかえて，体からのメッセージを理解することは難しい。

　では次に，子どものメッセージを受けとめる際に求められる教師の側の創造的感受性とは何か。次にいくつかの視点を見てみよう。

（2）多角的・多面的に理解するということ
①外的行動の内なる意味を見出す
「生徒指導提要」（2010）において，児童生徒理解は「多角的・多面的かつ正

確に知ることが必要」と述べられている。「多角的・多面的」とは，一面的な理解をしないということだが，教員が決めつけた見方をしない，深い理解とはどのような理解なのだろうか。

　発達心理学者であり，障がいのある子どもたちの保育者である津守真は，子ども理解について，「概念的な理解の仕方をやめ，子どものしていることをそのままに見ようとしたこと」で子どもと信頼関係が生まれるということをエピソードを交えて紹介している（津守 1987）。

　S子は，入園したばかりで，どこに行っても歩き回ってしまう。母親も「落ち着きがない」という。津守は，S子が，砂場，水遊び，それから津守のところ……と歩き回る「外的な行動」をよく見ると，「そこにいる人に視線を少しとどめてから次に移っている」ことに，はっとする。一瞬の沈黙のうちに，自分自身がパーティーのときにまわりに大勢の人がいても話しかける人がいないときにあちこちと歩き回った経験を思い出す。そして，S子の外的行動の「内なる意味」に気がつく。「この子どもは何かをしている他の人のところにゆき，のぞきこんでいる。それに対してだれも振り向かない。みんなの中にいながら，この子どもはだれにもかまわれない孤独を感じているのかもしれない」と。S子の生活に誰も一緒に参与していない，親密な関係に入っていないということに気がつくのである。津守は，子どもを理解しようとするときに，他の人のことばや計測器にたよるのではなく，「自分の感覚で受けとり確かめなければならない」という。そうしたときに，「内なる世界が外なる行動にあらわされていることに気がつく」ことができるというのである。

　子どもを理解するとき，「なぜ〜だろうか」と，その子どもの姿の背景にあること，交友関係の問題，家庭環境や成育歴，近隣社会の問題などに目を向けて，否定的に見える子どもの姿も理由のあることとして理解することは重要である。しかしそればかりに目を向けてしまって，こういう背景があるからこうなってしまう，という突き放した還元主義になってしまうおそれもある。あるいは原因を突き止めようと，子どもに質問ばかりして追い詰めてしまうおそれもある。

大宮勇雄ら（2010）もいうように，子ども理解はその生活背景に問題の理由を見つけるというだけでなく，その子どもの主体性をポジティブに理解することも重要である。つまり，その子が今，何かに関心を向けたり，意味ある生活をつくり出そうとしているところを理解することが重要である。理由はともあれ，泣くことで，その子どもなりに自分の欲求を表現し，周囲の人との関係をつくろうとしているのだ。そこから初めて子どもとの間に開かれた関係が生まれ，理解が深まるのではないだろうか。

　②理解することは出会うこと

　多角的・多面的な子ども理解について考えるヒントとして，灰谷健次郎の小説『天の瞳Ｉ』を紹介したい（灰谷 1999）。この小説の主人公，倫太郎はいたずらでわんぱく坊主である。小説では，倫太郎が保育所年長から小学校2年生までの成長と保育者，教師，親，地域の人たちを含めたまわりのおとなたちの成長が描かれている。紹介する部分は，保育所の職員会議の場面である。会議ではいつも倫太郎のいたずら事件が話題になるが，ある若い先生が，倫太郎への対応策として，園長先生が優しく話して聞かせ，男性保育者が厳しく接するのが一番いいと思うと述べた。

　それに対して，園長先生である園子さんがいったことばである。「このやり方がその子にとっていちばんいいんだと思ったときは，もうそのときがその子を理解する終点になってしまっていると思うのね。わたしは倫太郎ちゃんをどうしよう，こうしようと考えてやってるんじゃないの。倫太郎ちゃんに出会いたいと思っているだけなの……」。子どもに対してどうこうしようと思ってかかわるのではなく，「もっと別の○○に出会いたい」と思ってかかわるというのである。多面的な理解とは，おとなが決めた視点で見て，理解して終わるのではなく，人格全体として出会う（出会い直す）こと，新たな一面を発見するように理解を繰り返していくことだといえるだろう。

（1）おずおずとした姿勢と距離感覚

　ある小学校1年生の授業研究の場面で，授業中に，泣き出してしまう子どもがいた。はじめ，その子どもは，教師の発問に対する答えが見つからず困っていた。そこへ教師がそばにきてかかわりはじめると，ひどく混乱し，涙がとまらなくなってしまったのだ。私はこの場面に直面して，こんなに優しく，こんなにわかりやすく説明しているのに，理解しよう，かかわろうとすればするほど，子どもが混乱してしまうのはなぜだろうと疑問に思った。

　ワロンは情動の種類の一つとして「おじけ（timidité）」をあげている。これは，「人に対する恐れであり，もっと正確に言えば，他者に対したときの自分自身の《自己》に関わる恐れ」である（ワロン 1983 ①）。同時に，目の前の他者や状況に対して何とかしなければならないと思う「予防的な適応」でもあるという（Wallon 1928）。この場合のように，教員が子どもを理解しようと働きかけるほど，子どもは，身体をこわばらせ，混乱することがある。ためらいしり込みしてたたずんでいる子どもに，励まし，手助けをしよう，仲間に入れようとするほどに，自分を閉ざしてしまう。障がいがある場合には，自分の身体を攻撃することさえある。

　吉村真理子は，「子どもを知るための大事な心づかい」として，絵本『わたしとあそんで』（マリー・ホール・エッツ文・絵，与田準一訳，福音館書店）を提示している（吉村 1998）。女の子が「わたしと遊んで」と森の生き物たちを訪ね歩き，バッタ，へび，カエル，カケス，とり，うさぎ，しか……どの動物たちも逃げてしまう。女の子は誰も遊んでくれないと力を落としてしまい，仕方なく池の近くに腰かけている。とても静かなひと時が続く。すると，森の動物たちが次々と女の子に近づいてくるのだ。鹿が女の子の頬をなめたので，女の子はとても嬉しくなるのである。

　吉村（1998）は，次のように述べている。

　　保育者は，熱心であればあるほど，子どもの側に出かけていってあれこれ

と要求を聞いてやり，いっしょに遊ぼうとする。それも大切なことではあるが，保育者の思いが先行して子どもの本当の姿が見えなくなることがある。小さな動物たちのように用心深くて，なかなかその実態をみせてくれない子どももいる。相手をよく知ろうと思ったら，自分を周りに溶け込ませて，けっして邪魔をするつもりはありませんよと安心させることが必要なのかもしれない。(p.176)

　子どもの気持ちが理解できないと苛立つときは，子どもたちからもウザイ，と批判されがちである。自分の思いが先行してしまって，子どものメッセージを聴く準備ができていないのだ。しかし，おとなである自分が生活や仕事に，準備ができていて，心に余裕があるときには，自然に子どもを含むまわりに自分を溶け込ませて，子どものメッセージを聴くことができる。子ども理解はおとなである私たち自身の自己の問題と関係があるようである。

（2）理解されたという実感
　おとなの思いが先行してしまってはいけないからといって，距離をおいて，「そういうことをしたその背景はこうよね」と分析するようなかかわり方は，深い理解とはいえない。泣いている本人もなぜ自分が泣いているのかわからず，泣いているのかもしれない，問題行動を起こしてもなぜそんなことをしてしまったのか自分でもわからないのかもしれない。大宮ら（2010）は「子どもが理解されていると実感することが大事」であるという。つまり，援助者が積極的に「あなたが泣いている意味をこういうふうに受け止めたよ，理解したよ」とおとな自身の理解を言葉で伝えることで，正しく理解できていなかったとしても，子どもは受け止めてもらえたということがわかる。あるいは，うまく言葉で伝えられなくても受容的な視線（まなざし）や表情だけでも安心できる。他者に理解された実感，自らのSOS発信を受けとめてもらったという感覚が自己の育ちにおいて重要なのである。また，私の泣いている意味は違うよと言える関係性や雰囲気も大切だといえる。

（3）自己理解としての子ども理解

　田中孝彦（2012）は，「子ども理解は自己理解である」として次のように述べている。「「子ども理解」を深めようとすることは，実は，同時に，そうしようとするおとなたち自身が，自分たちのこれまでの生活をふりかえり，現在の生活の質を点検し，これからの生活に思いをめぐらせ，「自己理解」を深めようとする精神的・思想的ないとなみである。」

　確かに，これまで述べてきたように，子どもの外的な行動の内なる意味を探ろうとするとき，自分自身の経験やそれらのうえに培われてきた感覚を通して行う。そうだとすれば，おとなの側が，弱さも含めて自分自身を理解し，受け入れることが子どもを深く理解するスタート地点かもしれない。庄井良信（2004）は，援助者が「弱さ」をいとおしむようになるとき，子どもの内部の「発達の芽」が見えるようになるという。

　一人の作業では，なかなか子どもを多角的・多面的に捉えることは難しい。複数でそれぞれの経験や感覚を突き合わせると，さらに子どもを豊かに深く理解できるだろう。福井雅英（2009）が提唱しているように，子どもの生活世界に分け入り，子どもの人格をまるごと理解するために教師どうしの話し合い「子ども理解のカンファレンス」を大切にしようとする動きがある（福井2009）。これは，固有名をもった子ども一人ひとりに焦点をあてて，子どもの行為・事実からその内面を探ることを目的とした会議で，その子どもの生活や成育史などさまざまな視点から捉えていこうとするものである。

　そう考えると，子どもを深く理解することは，非常に時間と労力がかかる作業である。忙しい毎日の中で，立ち止まることを要求される。仲間との協働も求められる。しかし，そのプロセスで子どもを理解しようとする教師としての自分自身の実践的感覚が磨かれ，仲間との協働の中で，自分自身が解放され，自己の成長も実感できる営みといえるのではないだろうか。

1．授業中に泣きだしてしまった子ども（小学1年生）に対して，教師が優しくかかわるが，ますます混乱してしまう場面で（p.72），教師として泣いている子どもをどう理解してかかわるだろうか。多面的，多角的に理解することを意識してグループで話し合ってみよう。

2．授業中，課題に取り組んでいる児童・生徒が，机に向かって一人で困っている。あなたが教師なら，どのように援助するだろうか。児童・生徒のさまざまな特性を設定し，教師のポジション（正面・横・後ろから援助），距離，角度，言葉かけ，非言語コミュニケーション等をグループで話し合い，ロールプレイしてみよう。ロールプレイ後，児童・生徒の内面，教師の内面を振り返り，児童生徒理解に基づく援助について考察してみよう。

引用・参考文献

大宮勇雄・田中孝彦・平松知子（2010）「いま「子ども理解」を深めるとはどういうことか」『現代と保育』ひとなる書房，第75号，47-69頁

川田学（2009）「心理学は子どもをどのように捉えうるか」心理科学研究会『小学生の生活と心の発達』福村出版，178-188頁

斎藤環（2015）『オープンダイアローグとは何か』医学書院

庄井良信（2004）『自分の弱さをいとおしむ―臨床教育学へのいざない』高文研

田中孝彦（2009）『子ども理解―臨床教育学の試み』岩波書店

田中孝彦（2012）『子ども理解と自己理解』かもがわ出版

津守真（1987）『子どもの世界をどうみるか―行為とその意味』NHKブックス

灰谷健次郎（1999）『天の瞳：幼年編Ⅰ』角川文庫

福井雅英（2009）『子ども理解のカンファレンス―育ちを支える現場の臨床教育学』かもがわ出版

文部科学省（2010）「生徒指導提要」

文部科学省（2022）「生徒指導提要」[WEB閲覧可]

山上雅子（1997）『物語を生きる子どもたち』創元社

吉村真理子（1998）『絵本の匂い保育の味』小学館

レヴィナス，E.著，合田正人訳（1999）『存在の彼方へ』講談社学術文庫

ワロン，H.著，久保田正人訳（1965）『子どもの性格の起源』明治図書

ワロン，H.著，浜田寿美男訳編（1983）『身体・自我・社会―子どもの受けとる世界と子どもの働きかける世界』ミネルヴァ書房
　この著書に収録された論文の原著の出典は以下の通りである。

① 情意的関係―情動について（1938）Rapports affectifs:les émotions., H. Wallon（ed.）La vie mentale. Vol. VIII de 《L'encyclopédie Française》

② 『自我』意識のなかで『他者』はどういう役割をはたしているか（1946）Le rôle de 《l'autre》 dans la conscience du 《moi》. J. Egypt. Psychol.

③ 自我の水準とその変動（1956）Niveaux et fluctuations du moi. L'Evolution psychiatrique. I

④ 子どもにおけるパーソナリティの発達段階（1956）Les étapes de lapersonnalité chez l'enfant. Le probléme des Wallon, H., stades en psychologie de l'enfant. Paris, P.U.F.

Wallon, Henri, "La maladress", *Journal de Psychologie*, XXV Année, no. 1, 1928

生活綴方教育の実践者である教師たちは，一人ひとりの子どもをかけがえのない存在であり，生活者であると捉えてきた。子どもたちが，現実の生活にしっかりと足場を築いて，自らの人生を切り拓いていく力をつけることを願ってきたのである。これが生活綴方教育の根幹をなす子ども観であるといえるが，その「生活者としての子ども」は，教師たちによって多くの実践が積み重ねられる中で，見出されてきた。

生活綴方教育の成立は，小砂丘忠義らによって教育雑誌『綴方生活』の第二次同人宣言が出された 1930 年頃とされる。その少し前には，大正自由教育の進展とともに，子どもに自己の内面を見つめさせることや，生活を写実的に書くことを重視する実践が展開されるようになっていた。そのひとつである，北原白秋・鈴木三重吉らによる『赤い鳥』は，無垢な子どもらしさとでもいうべき「童心」の発露と写生的で洗練された表現に価値を置いていた。『赤い鳥』の読者は都市部に多かったが，読者である各地の教師が，受けもちの子どもたちの作品を投稿していた。その意味で，小学校での実践に影響を与えたものであるといえる。

しかし，生活綴方教育成立のキーパーソンである小砂丘は，大人の視点から抽象化された童心主義的な子ども像を退ける。ミミズが嫌いなおばあちゃんに，棒に付けた大きなミミズをもって行き，「ミミズだぞー」と驚かす，そのような「野性」をもつのが真実の子どもであり，「逞しき原始子供」と捉える。

「さういふ野性－実は野性どころか真実性なのだが－の芽は必要以上に早くから剪定されてしまふ。だがこれもいつの世までも残らねばならぬ子供である。」（小砂丘忠義（1931）「生活指導と綴方指導」『綴方生活』6 月号）

その子ども観は，子どもを大人のつくった「子ども」という枠組みに押し込めるのではなく，自らの意志をもち，発達していく存在として捉える。同時に，発達の原動力としての子どもの行動性，意欲性，生活性に着目したといえよう。

東北地方では，貧困にあえぐ厳しい生活を送る子どもたちに，北方という「生活台」に根ざしたたくましい子どもたちを育てたいと願う実践も行われた。

子どもの生きる現実には，楽しいこともあるが，そればかりではなく，つらいことや悲しいこと，子どもの力ではどうにもならないこともある。しかし，その現実の「生活の認識」をもとに，仲間とともに主体的意欲的に生きていく子どもたちを育てようとする「生活の組織」への指導が，多くの教師によって実践されてきた。

生活綴方教育は，戦時下の綴方教師への弾圧によっていったんは途切れたものの，戦後には『山びこ学校－山形県山元村中学校生徒の生活記録－』（無着成恭編，青銅社，1951 年）を契機に新たな実践が生み出されるようになった。生活綴方教育の精神と呼ばれ，今日に受け継がれているテーマは，次のように語られる。

「子どもは思考と表現の自由を身につけ，事実を事実としてリアルに見る目をひらき，自己の願望とひとのそれとの一致を見出し，そして，共通の願いを共同の力で実現しようとする生き方に向かう。」（小川太郎（1976）『教育と陶冶の理論』明治図書）

教室で行われる，詩や作文を書き綴る指導とは，子どもに生活の中の出来事についての価値に気づかせ，事実や思いをことばで表現させることである。取材から完成に至る表現の指導は，子どもにことばで表現する自由を獲得させる。教師は，どのような

ことであっても，子どもが目を向けた事実を表現する自由を保障する。また，子どもの心のありように従い，表現しない自由を保障する。詩や作文は文集に編まれ，表現された事実から，教師も子どもたちも学び考える。

せんせい

1年　いけがき　さだのり

せんせい　ぼく　おこってるぞ
きのう
ぼくと　せんせい　すもうしたやろ
せんせい　ぼくにまけたやろ
なんで　ぼくにまけたんや
ぼくを　よろこばすためか
でも　ほんきでやっていないせんせいに
なんぼ　かっても
ぼく　うれしいないぞ
せんせいは　おとなや

まけるはずがない
もっと　ちからを　ださんかい
もっと　ぐいっと　ぼくをおさんかい
なあ　せんせい
こんど　ぼくと　すもうするとき
ほんきで　かかってこい
ぼく　せんせいとすもうするとき
いっつも　ほんきでやってるんやで

（岡本博文編著（1989）『先生はいかんよ』百合出版）

　子どもたちは，自分の存在と物語（ナラティブ）を認めてくれる他者がいるからこそ，語り，綴ることができるのである。教師が，子どものことばを誠実に受けとめ，子どもをかけがえのないひとりの生活者として捉えたとき，教師は，子どもをまるごと認め慈しむことのできる，子どもにとっての伴走者になることができるのではないだろうか。

■コラム⑤　特別支援教育と児童生徒理解

（1）生徒指導の前提としての特別支援教育

　生徒指導の臨床的実践力を高めるためには，子ども一人ひとりの発達特性と，教育的ニーズを捉え，それに相応しい指導や支援のあり方について学び続けることが必要である。「生徒指導提要」（2022）（以下，「提要」（2022））は，あらゆる学校種の教職員が，生徒指導を進める「前提」として，特別支援教育の専門性を高めることが必要だと指摘している。

　また，「提要」（2022）では，特別支援教育を，次のように定義づけている。「特別支援教育は，障害のある幼児児童生徒の自立や社会参加に向けた主体的な取組を支援するという視点に立ち，幼児児童生徒一人一人の教育的ニーズを把握し，その持てる力を高め，生活や学習上の困難を改善又は克服するため，適切な指導及び必要な支援を行うものである」（p.13）。この定義から

も，特別支援教育が，あらゆる学校種における生徒指導の「前提」として位置づけられていることがわかる。

　この背景には，いくつかの関係する法律の整備があった。発達障害[1]を含む障害者への差別の解消に関しては，2016（平成28）年に「障害を理由とする差別の解消の推進に関する法律」（いわゆる「障害者差別解消法」）が施行された。この法律では，障害を理由とする「不当な差別的な取扱い」の禁止と障害者への「合理的配慮の提供」が求められた。

（2）二次障害による自尊感情の低下

　文部科学省（以下，文科省）は「21世紀の特殊教育の在り方について（最終報告）」（2001），「今後の特別支援教育の在り方について（最終報告）」（2003）などを経て，特別支援教育に関する推進体制事業を開始し，「学校教育法等の一部を改正する法律

案」（2007）によって，従来の特殊教育から特別支援教育への転換がなされた。特別支援教育の対象は，それまでの特殊教育の対象であった障害だけではなく，LD・ADHD・高機能自閉症なども含まれた[2]。

また，文科省が毎年発表している特別支援教育資料のうち2007年，2017年，2021年を比較すると，義務教育段階で特別支援学校に在籍している人数が，3万4,715人から7万939人，2021年は7万9,625人，小中学校の特別支援学級に在籍している人数が，10万4,544人から21万7,839人，2021年には32万6,457人，通級指導教室を使用している人数（巡回指導を含む）が4万1,448人から9万8,311人，2021年には16万3,397人と増加の一途をたどっている。通級指導教室を利用している児童・生徒のうち48.1%が2006年から通級指導教室の対象となった自閉症，学習障害（LD），注意欠陥多動性障害（ADHD）で占められている。小中学生の人数が，2008年の1,077万8,944人から2017年には990万2,246人に，さらに2021年は951万1,660人に減少していることを考えると，特別支援教育を利用している児童・生徒の割合が大きくなっていることがわかる。

一般に，特別支援教育の対象となる児童・生徒は，他者との人間関係をうまく築くことが難しい。他者の表情や会話に含まれる言外の意味やその場の雰囲気などがよくわからないことで疎外感をもったり，自分の状態をうまく伝えられなかったりなどに悩んでいる。その場にいることが苦しくなって衝動的にその場を飛び出してしまう場合もある。あとからその場に合わない行動を起こしたことに気づき，「どうして，やっちゃったんだろう」と涙を流すほどの後悔を重ねている。このような失敗経験の積み重ねやまわりの理解不足による否定的な評価や叱責等の不適切な対応の積み重ねによっ

て自尊感情を低下させている場合が多い。

自分から他者へ，他者から自分への不適切な対応によって，二次障害として，情緒の不安定，反抗的な行動，深刻な不適応の状態等を招くことがある。二次障害によってさらなる困難が生まれ，問題行動が生まれる場合もある。これを裏づけるように文科省の特別支援教育資料には，特別支援学校の校内暴力，いじめ，不登校など生徒指導上の問題を把握したデータがある。特別支援学級に在籍する児童・生徒を対象に，生徒指導上の問題行動を把握する調査は行われていないが，通常の小中学校や特別支援学校の調査結果をみると特別支援学級の子どもたちは生徒指導上の問題が全くないとはいえないだろう。

（3）子どもの言動の裏側にある困難を紐解く

二次障害だけでなく，育った環境や育ちの過程で受けた心的外傷によって，人を信じることができなかったり，素直に心を開けなかったりする子どもの姿もみられる。追い打ちをかけるように家庭の経済的な厳しさによって，より一層生きづらさを生成する悪循環に陥ってしまう場合もある。

特別支援教育における生徒指導は，二次障害を防ぐためにも，問題が起きてから対応をする治療的生徒指導より，早期発見・早期対応を目指した予防的生徒指導や児童・生徒自身が問題を受けて自分で考えたり判断したりすることを目指した開発的生徒指導を意識することが大切である。予防的生徒指導や開発的生徒指導を行うためには，失敗経験を重ねていく子どもの姿を丁寧に受けとめることが必要となる。これを，「提要」（2022）の言葉で表現すれば，発達支持的で課題予防的な生徒指導が重要だということができる。それは多様性を包摂する関係性（「共に認め・励まし合い・支え合う集団」）の中で，お互いの発達特性を

理解しつつ，子どもの内面に，自己調整能力や自己指導能力を育む指導や支援が必要だということもできる。

　学校の中では，主に教師がその役を担う。教室を飛び出した子どもを目の前に，「なぜこの子は教室にいることが苦しかったのか」という問いを頭に浮かべながら，詰問でも尋問でもなく，子どもの声に耳を傾けたい。自分の五感を研ぎ澄ませながら子どもから絞り出される言葉や行動を受けとめることで子ども理解が広がっていく。また，子どもの行動を別の視点から見つめたときに新たな気づきが生まれ今までになかった子ども理解が広がっていく。

　子ども理解を深めるときには，教室や学校の中に，子どもたちに自己有用感をもたせ，自尊感情を高める場面の設定が求められる。このとき，教師の意図が子どもたちに違和感を抱かせないように「黒子性」を大切にしたかかわりを意識したい。また，さまざまな背景を抱えている子どもたちへの理解や，それに相応しい対応は，一人の教師が，一人だけで実現できるものではない。これからも，特別支援教育では，子どもの言動の裏側にある困難なことがらを一緒に紐解き，その子どもの隠れたメッセージを読み解くためのチームづくりが求められていくだろう。

注
1）改正された「発達障害者支援法」（2016）において「発達障害」とは，「自閉症，アスペルガー症候群その他の広汎性発達障害，学習障害，注意欠陥多動性障害その他これに類する脳機能の障害であってその症状が通常低年齢において発現するものとして政令で定めるものをいう。」と定義されている。以下の図は，代表的な発達障害の概念図である。

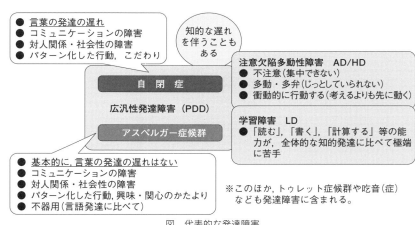

図　代表的な発達障害

出所：厚生労働省（2019）　令和元年度　就労準備支援事業従事者養成研修資料「発達障害の理解」

2）DSM-5（アメリカ精神医学会の診断基準 DSM-5「精神疾患の診断・統計マニュアル第5版」）では，発達障害は，知的障害（知的能力障害），コミュニケーション障害，自閉スペクトラム症（ASD），ADHD（注意欠如・多動症），学習障害（限局性学習症，LD），発達性協調運動障害，チック症の7つに分類されている。

第 4 章
学級づくりと生徒指導
―豊かなかかわり合いをどう育てるか―

はじめに

　「児童生徒理解」（子ども理解）とともに，「集団指導と個別指導」も，すべての生徒指導の実践を支える重要な方法原理である。学校の内外において，子どもはさまざまな集団や共同体の中で生活している。教育において，集団を育てる指導・支援と，個人を育てる指導・支援は，常に深く結びついている。改訂された「生徒指導提要」（2022）（以下，「提要」（2022））でも，「集団に支えられて個が育ち，個の成長が集団を発展させるという相互作用により，児童生徒の力を最大限に伸ばし，児童生徒が社会で自立するために必要な力を身に付けることができるようにするという指導原理」が重視されている（「提要」2022，p. 24）。生徒指導においては，個人への指導は集団への指導と深くつながっており，集団への指導も個人への指導と深くつながっている。

　本章では，生徒指導において，一人ひとりの社会的な自立を励まし，豊かな人間関係を育てる集団づくりの理論的・実践的な課題について，いくつかの事例を示しながら考えたい。

1　子どもたちの生活現実に根ざし，子どもとともに学級をつくる

　学級づくりを生活指導の実践過程と捉えた宮坂哲文は，学級づくりにおいて「子どもの声を聴く」ことを重要視した。宮坂は，生活指導を「ひとりひとりの子どもがそれぞれに，その日常生活のあらゆる領域にわたって現実にいとなんでいるものの見かた，感じかた，考えかた，行動のしかた，つまりは生きかたを理解し，そのような理解を児童各自ならびにかれら相互の間のものにしながら，ひとりひとりに即してその生きかたをより高い価値のものに引上げてい

く教育上のはたらき」（宮坂 1968a, p.142）と捉えている。

　ここにあるように，第1に，学級づくりは，一人ひとりの子どもたちが「現にいとなんでいる生きかた」を理解することが出発点になる。「学校の門をくぐったとたんに」，子どもたちが「学校向きの心的体制にはやがわりする」こと，「みな一様な「よい子」にな」ることを求めるのではない。そうではなくて，一人ひとりの子どもたちが，「のっぴきならない生育の歴史と現在の生活環境」の中でさまざまに身につけた生き方を理解すること，さらには，「毎日毎日の生活のながれのなかでゆれうごいている個人的特殊的，ないし主観的な生きかた」を理解することが，学級づくりの出発点になり，手がかりとなると指摘する（宮坂 1968a, pp.110-113）。

　第2に学級づくりは，子どもたち相互が他者の声を聴きとり合い，そこにある「共通経験」や「共通な要求」を理解し合いながら，生き方を高めていく過程として捉えられている。子どもたちが「ありのまま」を表現できる「解放された人間関係」に支えられて，生活の中で経験している意識や感情を自覚し，表現できるようになるとともに，他者の中に共通の経験があることを理解し，また，共通の問題に直面してともに考えあう中で，子どもたちは生活認識を深めていく。さらには，日々の生活の中で現れた願いや要求を子どもたちが共有し合い，自治活動を通してそれを実現していく。「ひとりの問題がみんなの問題になる」活動を通して，子どもたちの生き方を，他者を尊重し，他者とともに生きる方へと高めていくのである（宮坂 1968a, pp.145-150）。

　宮坂は，子どもたちが「環境にただ順応する」過程として学級づくりを捉えていない。そうではなくて，子どもたちが「環境にはたらきかけ，そのなかで自己を生かし，相手方をも生かしながら，自己を含めた環境をよりよくつくりかえていける人格主体」となる過程として捉えている（宮坂 1968a, p.144）。学級づくりは，「外面的秩序の確立維持」や「そのような外面的秩序を内面化させることを目的とした子どもの心情面の統制」を行う学級管理的立場によって進められるのではない。また学級づくりは，教師への「怖れ，不安，反抗心」や子ども相互の「対立や不和」を取り除き，「なんでもいえる雰囲気」をつく

ることで安心して生活や学習に参加できるようにする適応指導的立場にとどまるものでもない。学級づくりは，教師が単に「学級をまとめていく」過程ではない（宮坂 1968b, pp.89-93）。子どもたちが「内在させている人間としての基本的要求やねがい」を，子どもたちが「具体的な生活とのとりくみのなかで，社会的に実現していく」（宮坂 1968a, p.144）過程に，教師が参加していく過程として捉えられるのである。

このように学級づくりは，子どもたちの生活現実に根ざし，子どもたちが生活と学習を共同化することを通して，子どもたちが自分たちの生活をつくり出す主体として育っていくことを励ましていく営みである。

② 教室を安心して生活できる場にする
（1）子どもたちの声を聴きとり，教室に居場所をつくり出す

学級は，子どもたちが学校生活を送っていくための基礎的な場である。そこで子どもたちがともに生活をつくり出し，ともに学習していくことを通して，子どもたちの成長や発達が保障されていく。それゆえに，学級が子どもたちにとって安心できる居場所となるかどうかが問われる。

山﨑隆夫の学級のある子どもは，「チャイムが鳴ったから席に着きな」と友だちに言われただけだが，「みんながぼくのことをばかにするんだ」と叫び声をあげる。体育の時間にちょっとしたミスをしただけで，「むかつくんだよ。こんなのやってられるか」と床に寝転び足をばたつかせる。またある子は，習字の時間に「ぼく，できない」とつぶやく。「だいじょうぶだよ」「上手じゃないか」と励ませば励ますほどに，「へただもん」と自分を否定する。自分という存在が否定されてしまうのではないかという「不安や危機」を抱え，ある子どもはパニックを起こし，またある子どもは自己を閉ざしてしまう。山﨑は，子どもたちの中にある「深い“不安や危機”の感情」を受けとめながら，「生きることや存在することについての安心と信頼の感情を育んでいく」ことを意識し，居場所のある学級づくりを進めている（山﨑 2001, pp.83-121）。

学級が子どもたちにとっての居場所となるためには，自分自身の声が聴きと

られているという経験を子どもたちが積み重ねていくことが重要である。子どもたちの声を聴くことは，教師が意図した教育実践をつくり出していくための手段に留まるものではない。「「わたしがここにいる」ことの重みを感じ，労苦を引き受けてくれる他者の存在によって，自分の存在が確かなものとなる」（岡野 2012, p.151）といわれるように，声を聴きとられているという経験そのものが，子どもたちにとって重要である。自らの呼びかけを聴きとり，その声に応答してくれる他者の存在を通して，子どもたちは他者に受け容れられていることを実感し，自ら生きる世界や他者から受け容れられうる自分自身への基本的信頼を獲得していく。

　また子どもが，教師の期待に添うように努力し，そのがんばりが教師や他の子どもたちから認められる経験を通して，学級が子どもたちにとっての居場所となるだけではない。「なかなかできない」「なかなかがんばれない」ときの自分であっても自らの声が聴きとられ，「不安や危機の感情」も受けとめられるという経験の中で，子どもたちは学級の中に居場所を発見していく（庄井 2004, pp.27-28）。「弱さ」や「不完全さ」「わからなさ」や「できなさ」をも含めて受けとめられる経験を重ねることを通して，子どもたちは生活と主体的に向かい合う意欲を回復していくのである。

（2）教室の中に，子どもたちが試行錯誤できる「間」をつくる

　学級が子どもたちの居場所となるためには，「すぐに」「正確に」「効率よく」子どもたちが行動することを求める教室文化を問い直してみることも必要である。かつて大田堯は，「より早く，より効率的に」という価値尺度が重んじられ，「ゆっくりと時間をかけて考えること」は「悪」であると見なされがちな時代にあって，「「問い」と「答え」の間を奪われ，他人の話をききとるゆとりが知らぬまに衰弱してきている」と指摘した（大田 2014, pp.402-404）。日々の学校生活の中で，教師も子どもたちも他者の声を聴きとりながら，自分たちのことばで考え合い，自分たちで選びとっていく「間」が奪われてはいないかと問うているのである。

成果を「すぐに」「正確に」「効率よく」達成しなければならないという価値観に教師も子どもも囚われ，「正解」や「正しいふるまい」に縛りつけられてしまう教室文化の中では，「なかなかできない，がんばれない」といった子どもの声や，すぐに「正解」に結びつかない子どもたちの多様な声は，「やっかいなもの」として周辺に追いやられてしまう。そうした教室文化の中では，「間違ったらどうしよう」「失敗したらどうしよう」という不安を子どもたちが積み重ねていくことにもなる。

　また，整然とした学級をつくりたいと教師として願えば願うほどに，「きちんとさせなければならない」という思いに囚われ，子どもたちの「話しを聴きとるゆとり」，子どもたちとゆったりと対話する「間」，子どもたちが話し合って決める「間」が失われてしまうこともある。また，子どもたちが失敗したり，もめたりしないように，教師が先回りして準備を整えたり，もめるのであればやめてしまおうと考え，子どもたちが試行錯誤しながら話し合ったり，もめごとや失敗から学び合う「間」が失われてしまうこともある。

　一般に「回り道」だと思われる過程の中で，子どもたちの豊かな発達が遂げられていく。今泉博は，「教育という仕事には，自己決定をできるだけだいじにしていくことが求められ」ると言う。例えば，教師は「発言がだいじということになれば，即全員が発言できるようにしようとしがち」になる。しかしそうではなくて，子ども自身が内的な葛藤をくぐり抜け，発言することを自ら選ぶのを「待つ」ことが，子どもたちの豊かな発達を保障すると指摘する（今泉2003, pp.146-150）。もとより「待つ」ことは，教師が何もしないで子どもが自然に発達するのを「待つ」ことを意味するのではない。今泉は，発言することを励まし合う子どもたちの関係をつくり出すという働きかけをしながら，子どもが自ら発言するのを選びとることを待っている。教育は子どもに何かを強制することではない。教師が子どもに働きかけながら，子ども自身が試行錯誤しつつねうちを選びとる「間」が，学級づくりには求められる。

3 学級の中にある教師と子どもとの関係を問い直す

（1）子どもの声を聴きとり，子どもの声に応答する

　学級には，同じ学年であっても異なる発達課題を抱えている子どもたちが集まっている。その中には，発達障がいを抱える子どもや，貧困の中にある不安定な家庭環境で育つ子どもなども含め，多様な子どもたちがともに生活と学習を行っている。子どもたちは，学校内外での生活を通して抱える「生きづらさ」を，暴力や暴言，荒れなどによってアクティング・アウト（acting-out）することもある。教師は，そうした子どもたちの声なき声を聴きとり，どの子も排除されない学級づくりを進めていくことが必要である。

　学級づくりを進めていく際，子どもたちの「問題行動」に対して「寛容さを排し」て，学校や学級が求める規則・秩序に従って，「毅然とした指導」を行うことを求める考え方もある。そのような子どもへの対応は，ゼロトレランス（zero-tolerance：不寛容）方式ともいわれる。

　この「ゼロトレランス」方式に端的に見てとれる「毅然とした指導」の根底には，「「問題」を起こす子どもが悪い」「変わるべきは子どもだ」と，その「問題」の所在を子どもに還元して捉える見方がある。しかし「問題」は，子どもたちの「問題行動」の背後にある声が聴きとられぬまま周辺化されている関係性の中にある。「毅然とした指導」は，教師が子どもたちの声を聴きとることから始まる相互応答の回路を遮断してしまう。相互応答を失った関係性は，「自分を差しむけるべき他者を失う」と同時に，他者に「差しむけるべき自己をも失わねばならない」という意味において，「根本的な自己疎外の関係性」となる（清 1999, pp.185-186）。「どうせ自分が悪者にされる」「どうせ自分の話は聞いてもらえない」と，子どもが自らの息苦しさを内閉化して生きること，また，他者に自らの息苦しさを語り出すことへのあきらめを子どもたちに強いることにつながる。子どもはいつもことばで自らの願いや要求を明確に表明しているわけではない。また，自らの願いや要求が何であるのかが明確に意識化できているわけでもない。だからこそ，子どもたちは，荒れや問題行動，あるいは内閉的な構えなど，身体的な表出を通しながら，自らを受けとめ，自らの

内にある何ものかを，ともにことばにしてくれる他者を求めている（黒谷 2015, pp.58-60）。

　また，「毅然とした指導」は，「子どもたちの行動には理由がある」という子どもの捉え方を教師から奪うことになる。「問題行動」を起こす子どもの姿が確かに教師の目には見えている。しかし，教師が聴こうとしなければ聴こえてこない子どもの声がある。「なぜそうせざるをえないのか」と問い，子どもたちが家庭や学校の中で他者と築いている生活現実を捉え，他者との関係を子どもたちがどのように経験してきているのかに目を向けながら，その中で子どもたちがどのような願いや要求をもって生きているのかを読み解いていくのである。「毅然とした指導」では，この「なぜ」という問いとそこから始まる教師と子どもとの対話が周辺に置かれてしまうのである。教師の指導が成立するかどうかは，教師の子どもへのかかわり方が「毅然としているかどうか」ということよりは，子どもの側に「納得」が生まれるかどうかによる。そのためにも子どもの声を聴きとる子どもとの対話が必要になる。

（2）「ケア」の視点から学級の中の教師と子どもとの関係を問い直す

　生徒指導における「ゼロトレランス」方式とは対照的な子どもへのかかわり方が「ケアすること」である。「ケア」とは，「気遣う」「心配する」「世話する」「気にかける」ことを意味し，悩みや苦しみを抱えて生きる他者の傍らに立ち，その者の声やニーズに応答する行為である。佐藤学は，教師が主導的，能動的に子どもに働きかける「ティーチング」とは異なり，「ケアリング」においては，「ケアする主体とケアされる対象との関係は，ケアする主体の要求に先だってケアされる対象の苦しみや脆さを基盤とする要求があり，このケアされる対象の要求に応えるかかわりとして成立する特徴をもっている」と指摘する（佐藤 1995, p.164）。「毅然とした指導」が，子どもの抱える「問題」を子どもの「責任」とするものであるのに対し，「ケア」は，一人では自らのニーズを満たすことができない子どもに「応答する責任（responsibility）」を教師に求めるのである。

さらに「ケア」への着目は，教師と子どもとの間に潜む権力的な関係性を問い直すことを求める。子どもからの「呼びかけに応答する」行為としての「ケア」は，教師と子どもとの関係性が「わたし－それ」の関係性に矮小化されることを否定する。そうした関係性においては，子どもは，学校や教師によって管理され，操作される対象（「それ」）と捉えられ，合理的，効率的に教育することに目が向けられる。そうではなくて，「ケアする」ことは教師と子どもとの関係性が，「わたし－あなた」の関係性であると捉える（竹内 2016, pp.213-215）。その子なりの人生の物語を生きる他者（「あなた」）として承認し，子どもたちの声を聴きとり，相互に応答し合う関係の中で教師の指導が模索されていく。

　しかし，「ケアする」という行為であっても，それは「ひとりよがりの善意（強権的善意）に陥りやす」く，「あなたのため」と考えながらも「いったい誰のためなのかがよくわからなく」なることもあるともいわれる（庄井 2014, pp.66-67）。「ケアする」ことが「ケアしてあげる」ことにすり替わってしまい，他者が抱える困難の原因や他者のニーズを理解したつもりになって，こちらの思いを押しつけてしまい，それゆえに他者のことばが十分には聴きとられなくなってしまうこともある。「ケアする」という行為は，教師が子どもの声を聴きとることのない権威的な他者になることによって，子どもが語ることばを奪っていないかと教師に問いかけるのである。

　原田真知子の学級（小学校 6 年生）にいた哲也は，授業妨害，同級生への暴言・暴力，ケンカ，器物破損，教師への反抗を繰り返していた。原田は，同じ学級の子どもたちとともに，哲也のことばを聴きとっている。その中には，3・4 年生の時に哲也と一緒に「悪さ」を繰り返していた英志もいた。人びとに語るためには，「人びとが見ている世界をまず人びととともに見ることからはじめなければならない」といわれる（フレイレ 2001, p.33）。原田もそうあろうとしている。まず原田は，「語った内容を頭から否定しない」者として哲也とことばを交わし，哲也のことばを受けとめながら，英志を含む何人かの子どもたちと，哲也が発することばについて語り合い，そのことばを読み解いてい

く。同級生を愚弄することばは「本心ではない」という英志のことばをきっか
けに，「なぜあんなことを言うのか」を読み解く中で次第に見えてきたのが，
「常に誰かに承認されていたい，自分の居場所を確かめたい，安心したい」と
いう哲也の切実な願いであったという。そして，弱い者に対する哲也の暴力性
は，「実は「弱さ」を受け入れることの恐怖から来ているのではないか」とも
読み解いた子どもたちは，哲也のことを「てっちゃん」と呼び始めることにす
る。哲也は自らを受け入れてくれる他者を得ながら，家庭の中で暴力的な関係
に晒されている自らの生きづらさを語り始めていく（原田 2021，pp.272-279）。

　人間の語りは「主体が，（支配的でも権力的でもない）共存的な他者と出会い，
他者と向かいあい，他者と対話しはじめるときに，はじめて主体の内部から」
生まれてくるといわれる（庄井 2002，p.136）。子どものことばは他者との関係
の中で奪われ，また他者との関係の中で恢復していく。原田は，「子どもと大
人」，そして「個人と個人」との間に断層があるがゆえに，「相手のことばを簡
単に聴き取ることなどできない」という。そうであるからこそ，その断層を越
えるために，教師が一人で子どもの声を聴きとれると思い込むのではなく，同
じ世界を生きる子どもたちとともに聴きとろうとしている。そうすることで，
他者をケアする共存的な他者を，子どもたちの中にも育てている（原田 2021，
pp.278-279）。

4 　対話・討論を通して子どもたちのかかわり合いを広げていく

（1）対話・討論を通して，子どもたちが生活現実を読み解く

　声を聴きとられ，対話することを重ねる関係や場を得ることによって，子ど
もたちは教室の中に居場所を発見し，自らのことばを立ちあげる主体としての
権利を取り戻していく。同時に，学級づくりは，子どもたちが相互にかかわり
合う世界を押し広げ，他者とともに自分たちの願いや要求に基づいて学級での
生活をつくり出していく主体となることを励ましていく過程でもある。学級づ
くりを進めていく際に，子どもたちのかかわり合いをつくり出していく場の一
つが，子どもたち相互の対話・討論の場である。

学校や教師が意図する教育の成果や効率性を求めるならば，子どもとの対話・討論・討議を行うよりは教師が伝達・管理した方がよいという考え方がある。しかし，反対話の教育が生み出す時間は，「人間が物化された状態ですごす時間」であり，その方が「むしろ失われた時間なのである」と，フレイレ（Freire, P.）はいう（フレイレ 1982, pp.191-192）。そこには，それぞれに固有の人生の物語を生きる学習者相互の語り合いが喪失していくことへの批判がある。学校が，成果や効率性ばかりを追い求める場になれば，地道に時間をかけて，何げない「おしゃべり」を繰り返しながら子どもたちと出会う場をつくったり，子どもたちが試行錯誤しながら何かを話し合って決めるといった活動の価値は見落とされ，非効率的なものと位置づけられるのかもしれない。しかし，対話・討論を通して子どもたちがことばを交わし合うことで自他が生きている世界をわかち合い，かかわり合う世界を広げていく。また，子どもたちが話し合って決めるという過程が，子どもたちを学級の主人公にしていく。

　学級づくりにおける対話・討論は，子どもたちが一つの「正解」をさぐり当てるための手段としての対話・討論ではなく，子どもたちが自分たちの生きる生活現実を読み解き，つくり変えていくものである。教育における対話の重要性を指摘するフレイレは，学習者が日常生活の中に埋没して生きるのではなく，自分たちの生きる生活現実を「意識化」することを重要視した。対話のテーマは，学習者の声を聴きとりながら選びとられ，それに関連した学習者の具体的な生活状況を描いた絵，写真，スライドなどによって学習者に提示される。その絵や写真を囲い込んで教師と学習者とが向き合い，そこに示された生活現実に関わって対話していく。そうした対話を通して，学習者は自分たちが生きる生活現実を対象化し，他者とともに生活現実を読み解き，問いを立ちあげ，その生活現実を自らつくり変えていく（書き換えていく）主体になることが意図されている（フレイレ 2011）。

　生活指導においてこのような学びは，社会構成主義的な立場に依拠して「現実を再定義する学び」として提起されている。すなわち，「子どもたちが問題の当事者として問題（テキスト）をその生活現実（コンテキスト）から読み解く

と同時に，その生活現実（コンテキスト）のなかに閉ざされていた子どもの声を読みひらいていくこと，それをかいして子どもたちの生活現実にたいする願いや要求を取り出し，その生活現実を書き換え，つくりかえていくこと」（竹内 2008, p.47）と捉えられるのである。

　学級づくりにおいては，子どもたちの間で生じたトラブルや出来事を対話・討論の素材として対象化し，そのトラブルや出来事が子どもたちのどのような生活現実の中で生じているのか，また，そのトラブルや出来事の中で聴きとられていない声はないか，異なる読み解き方はないのかを子どもたちと対話・討論することが実践されてきた。また，学級の中のトラブルや出来事をそのまま対話・討論の素材とするのではなく，子どもの生活を映し出すテーマを設定して対話・討論を行い，あるいは新聞・テレビ報道などを読み解く対話・討論を行いながら，間接的に子どもたちが生きる学級の現実にも目を向けさせていく実践も行われてきた。さらには，環境，エネルギー，ジェンダー，人権，戦争，貧困といった社会的課題をテーマとして，子どもたちが生活現実を読み解き，新たな価値世界を探索する対話・討論もつくり出されてきた（全生研 2005, pp. 115-132）。

　柏木修の学級（中学2年生）は，運動会の学年種目であった「大縄跳び」の取り組みを通して，「差別と排除の物語」に代わる「もう一つの物語」を子どもたちと立ちあげていく学級討論を行っている。柏木の学級は，発達に際だった特性のある磯崎とともにどんなに練習を重ねても，さまざまなサポートを行っても，大縄を跳ぶことができず，記録が出ない。磯崎が，跳び始める合図と回数を数える係となると，練習は順調に進み，予行練習では学年一位となる。しかし翌日，委員長の金谷が，磯崎をはずしたことに疑問をもち，訴えてくる。そのことをめぐり学級討論が行われる。そこで磯崎の「跳びたい」という意思を確認する。他方で「勝ちたい」という子どもたちの思いもある。磯崎と共有している生活現実を読み解き，磯崎とともに生きる関係性とは何かをめぐって議論し，「勝ち負けなんていいから一回でも二回でも磯崎君とちょっとでも多く跳べればいい」という世界を学級の中に立ちあげている（柏木 1997）。

（2）対話・討論を通して子どもたちの「出会い直し」をつくり出す

　子どもたちのかかわり合いを豊かなものにしていくには，子どもたち相互の出会いや出会い直しの場が必要になる。多様な人生の物語を生きる他者との対話・討論は，他者との意見がなぜ同じなのか，異なるのかと考えながら，話し合いのテーマについての理解が深まっていく過程であるだけではなく，他者や自己に対する理解が深まっていく過程でもある。人々は対話を通して，「相互の「世界観」や文化的視点を理解すると同時に（＝他者理解），そのことをとおして自己の「世界の見方」を対象化し，それを変えていく」といわれる（里見2010, pp.202-203）。子どもたちは，学校や学級で生活や学習をともにしながら，周囲の他者に対するさまざまな「見方」を身につけていく。そして，子どもたちがすでに身につけている他者に対する「見方」が固着してしまうこともある。対話・討論を通して，他者の新たな一面に出会い，また他者の中に自分と同じ声があることを発見しながら，すでに身につけている他者の「見え方」が学びほぐされ（unlearn），他者との「出会い直し」の場がつくり出されることによって，子どもたち相互のかかわり合いが深まっていく。

　原田は，子どもたちや他の教師との対話や各種メディアの中から，子どもたちの生活を反映する論題を立ちあげている。「スーパーで走り回ってワインを割った子どもを叱らなかった店員はやさしい」「中学校は制服がよい」「ゆとり教育はすすめるべき」といった論題で，学級討論を行っている。また，振り返りシートには「自分と友だちについて発見したこと」が綴られていく。原田は，対話・討論においては「話し合っている内容について考えを深めたり，結論を出したりする過程で，どれだけ自己や他者と出会い直すことができるか」（原田 2021, p.284）を視野に入れることが重要であるという。

　「校舎の窓ガラス　わざと割ったら親が弁償する」という論題での学級討論では，親が責任を負えば，親はそれがよくないことだと子どもを叱るだろうから正しいとする意見が出る。それに対して「わざと窓ガラスを壊した子は，それほど悩みが大きいんだ」「ゆっくり話し合った方がいい」という英志の発言から，「わざと窓ガラスを割るという行為はいったいどこから来るのか」につ

いて討論が発展する。子どもたちは，窓ガラスを壊した子どもが，なぜ窓ガラスを壊さざるをえなかったのかと話し合い，他者を理解することについて考えている。

　また哲也も，「学校が支払う」のは「税金の無駄」で，「親が弁償するべき」と繰り返す。「いちばんガラスを割りそうな」哲也が，それは「器物破損」だと言う。なぜ「税金の無駄」という主張にこだわるのか，多くの子どもが首を傾げていた。哲也は続けて，「もっと生活が大変な人のために税金は使うべきだと思います」と言う。その発言を聞いて，「そうだったのか」と原田も子どもたちも気づいたという。その頃哲也は，「将来は検事になりたい」と言い始めていた。時事問題と法律に関心をもち，「そんなことに税金使うなよ」が口癖だったという。そうした「哲也なりの関心の持ち方」が，そのときの哲也の発言につながっていることに気づいていく。対話・討論を通して，子どもたちは「出会い直し」を繰り返しながら，他者や自己についての理解を深め，他者とともに生きる世界を深めている（原田 2021, pp.281-289）。

5 子どもの豊かなかかわり合いをつくり出す活動をつくる
（1）子どもの多様性が発揮される活動を通して，かかわり合いを広げる

　学級の中に，子どもたち相互のかかわり合いをつくり出すためには，子どもたちがかかわり合うことを媒介する活動が必要となる。相互にかかわり合うことの大切さを教師が子どもたちに諭すというよりは，子どもたちが時にもめごとを起こしながらも，ともに活動をつくり出すことを通して，子どもたちはかかわり合うことを学び，かかわり合いを豊かにしていく。学級の中にどのような活動を子どもたちとつくり出そうかと構想することで，教師と子どもとのかかわり合いを豊かにする個人指導の地平から，子どもたち相互のかかわり合いを豊かにする集団指導の地平が開かれていく。また，教師と子どもとの関係の中だけでは聴こえてこなかった子どもの声が，活動を媒介にした子どもどうしのかかわり合いの深まりの中から聴こえてくることもある。

　また子どもたちがつくり出す活動は，子どもたちの成長・発達にとっても重

要な意味をもつ。楠凡之は，「基礎的な知識は徹底的に教える」「社会の規範を徹底的に叩きこむ」といった場になりやすい学校において，子どもの発達を「「個人の外部にあるもの」の内面化のプロセス」と捉えるのではなく，「自らの潜在的可能性や内的な力が自然的，社会的諸関係のなかで開花，展開してい」くプロセスと捉え，それが保障される活動やかかわり合いが必要であると指摘している（楠 2012, pp.36-37）。また，学級の中で子どもたちが「問題行動」を起こせば，教師はその「問題行動をいかに押さえ込むか」という発想に立って子どもとかかわることがあるが，そうではなくて「問題行動の背後にある発達要求」を読みとりながら，子どもの「エネルギーを発揮できる生活を子どもたちと一緒に創造していく」という発想が必要であるとも指摘する（楠 2015, p.29）。

　例えば，小学校3年生を担任していた紺さとるは，始まりのチャイムが鳴っても教室に帰ってこない，授業中には近くの子にひっきりなしに話しかける子どもたちと，「虫育てグループ」を学級の中に立ちあげている。紺は，教室の中の「気になる子ども」が虫好きであることに着目し，教室で昆虫を飼い，虫に詳しいその子の一面が発揮できるような活動をつくり出すことで，教室の中でその子が活躍する活動の世界を広げていく。放課後には，他の子どもたちとともに虫探しをする世界が広がっていく。授業の中でも，虫好きを活かした活躍の場がつくり出される。昆虫を育てたい子どもたちでつくられた「虫育てグループ」での活動を通して，他の子どもたちは，「困った子」と見なされがちであったその子どもの異なる一面に出会っていく。また，昆虫の世話に詳しいその子どもの一面が周囲の子どもたちにも認められることを通して，その子どもは自己肯定感を育んでいく（紺 2012）。

　教師が「気になる子ども」と出会ったとき，その子どもの「気になる」行動は，学級に順応できない「逸脱」した行動と捉えられてしまうこともある。しかしそうではなく，子どもたちの「気になる」行動の中に，かかわり合って楽しく活動する世界を広げたい子どもたちの少年期的な発達要求が見出されている。また，その子どもの「気になるところ」に囚われてしまうのではなく，そ

の子どもがもつ持ち味を教師が発見し，それを発揮できる活動をつくり出しながら，学級の中に子どもたちの居場所をつくり出している。

子どもの権利条約（第31条）がいうように，子どもたちがつくり出す遊び（＝活動）は，子どもたちが学校生活の中で息抜きをするための補足的な場ではなく，子どもたちが子ども時代に保障されるべき権利である。

（2）多様な子どもがともに生きる自前の文化を子どもたちとつくり出す

また，学級づくりにおいて子どもたちと活動をつくり出すことを重要視するのは，子どもたちが学級での生活をつくり出し，つくり変える主人公であると捉えるからである。教師が描いた学級の物語の中で，子どもたちが主人公として活動を展開するのではなく，学級の物語それ自体を紡ぎだすのは子どもたち自身であると捉えてみることである。

学級には2つの側面があると捉えられる。ひとつは，子どもたちが学校で生活や学習を行っていくために，学校や教師によって編成された制度としての側面である。宮坂も指摘していたように，学級づくりは，学校や教師によって用意された制度としての学級に子どもたちがいかに適応できるかを問うだけではなく，子どもたちの願いや要求に即して，制度としての学級の中に子どもたちの自前の文化をつくり出していくことを構想する過程でもある。もうひとつは，学校や教師によって編成された制度としての学級であっても，そこには多様な子どもたちが集まり，多様な人間関係を築いているという側面がある。それゆえに学級づくりは，子どもたちの中にすでにあるかかわり合いに目を向けながら，子どもたち自身がかかわり合いを広げ，対等なものへとつくり変えていくことを構想する過程でもある（浅野 1996, pp.111-112）。学級づくりにおいて，子どもたちと活動をつくり出すことを重要視するのも，その活動を通して学級の中にすでにある子どもたちの関係を変革していくとともに，制度としての学級の中に子どもたち自身の自前の世界を立ちあげていくためである。このような目的をもって子どもたちと活動をつくり出す際に，以下の点が重要となる。

まず第1に，子どもの意見表明を尊重しながら，子どもとともに活動をつく

ることである。どのような活動を行うかを教師が決め，決められたことに即して子どもたちが意欲的に取り組むという発想が，学級の中では「当たり前」になりやすい。そうではなく，子どもの声から生まれる子ども発の活動や，どんな目的でどのような活動を行うのかを子どもたちの討論・討議に委ねながら，子どもの願いや要求に根ざした活動へと編み直していくという視点が必要となる。第2に，活動を行えば，当然，さまざまなもめごとが生じる。活動を行っていく中で子どもたちの間に生じるもめごとは，他者とかかわり合うことを学ぶ重要な契機でもあり，そのもめごとを子どもたちと読み解く対話を子どもたちと重ねていくことも重要な意味をもつ。第3に，多様な持ち味をもつ子どもたちが，学級から排除されることなく居場所や出番を保障されるために，どのような活動が必要となるのかを構想することである。学校や教師によって示された「ねばならない」を主体的に達成できたことによって，子どもたちは学級の中に居場所を確保できるのでもなければ，また，そうできないことによって学級から排除されるのでもない。学級づくりでは，子どもの思いや願いを引き出しながら，学級の「みんな」で行う活動や，班や学級内クラブなどに依拠した活動など，多様な活動の場を構想していくことを通して，どの子どもも学級の中に居場所を発見し，かかわり合う世界を広げていくことが求められる。

　里中広美の学級（小学校5年生）には，前年度まで「トラブルメーカー」と言われてきた文香がいた。他の子どもたちは「穏やかで優しい雰囲気」であったが，学校に「過剰適応気味」で，文香へのまなざしは厳しく，どこか冷ややかで，グループをつくると必ず文香が余った。

　里中は，学級の中で文香と子どもたちとの間でもめごとが生じれば，そのもめごとをめぐって対話する場をつくりながら，他方で，転校生の「お別れ会」，イベント係による学年での「給食交流会」や自由参加の「学年キックベースボール大会」，さらには「将棋クラブ」や「まんがクラブ」といった「学級内クラブ」など，子どもが原案を作成する活動，子ども発の多様な活動の場を学級の内外につくり出し，その中で文香の出番や居場所をつくり出している。

　2学期の係決めの際である。子どもたちからは決まりきった内容の係活動し

か出てこない中で，「誰か面白い係考えないかなあ」と里中が呼びかけたことに応答し，文香と同様に「気になる子ども」であった夏美が，「うちわ係」を立ちあげ，文香もその活動に参加する。夏美も文香と同様に，学級の中に居場所をみつけにくい子で，このユニークな係活動が二人をつないでいく。「うちわ係」を足場に，文香や夏美は，自分たちの持ち味を発揮した活動を次々と展開していく。「休み時間に15秒間扇ぐ」という当初の活動から，「風船バレー」や「うちわボーリング」，さらにはお別れ会での「うちわ劇」など，次々と発案されていく。「うちわを学校に持ち込む」「うちわを使って遊びをつくる」「劇をする」といった文香と夏美のユニークな活動は，学校のきまりをきっちりと守って生活する「過剰適応気味」な他の子どもたちにとっては，「実に新鮮だ」ったのではないかと里中は捉えている。そこには，「穏やかで優しい雰囲気」をもつがゆえに，教師が気づきにくい「過剰適応気味」の子どもたちの声なき声も聴きとり，どの子どもも安心して願いや要求を表明し，自己を表現できる学級をつくり出そうとする里中のまなざしがある。

学校や教師が求めるストーリーに従うことをドミナントな（支配的な）物語（dominant story）として内面化してきた多くの子どもたちにとっては，文香や夏美がつくり出すオルタナティブな（ドミナントな物語とは別の新しい）物語（alternative story）は，子どもたちの狭められた思考の中に，新しい物語を紡ぎ出し，自分たちの生きる現実を再構築する視点を与えたのであろう（野口 2002, pp.80-82）。「うちわ劇」続編では，「優等生タイプで殻を破るのが苦手な安奈」をはじめ，他の子どもたちも参加しはじめていく。「過剰適応気味」な子どもたちも，文香や夏美とのかかわり合いを広げることによって，「もう一人の自分」を立ちあげることを励まされている。そして，「うちわ係」を足場にして，文香も他の子どもたちとのかかわり合いを広げている（里中 2016）。

6 学級づくりを支える教師のつながりをつくり出す

（1）ヘルプに応答し，支え合う教師のつながりをつくり出す

ある子どもが「なぜ暴力をふるうのか」と考え，子ども理解を深めようとし

ても，その答えがなかなか見えてこないこともしばしばある。また，子どもに
伴走しようとしても，子どもから手応えのある応答が得られないこともある。
こんなにもかかわり続けているのに，あの子はどうしてわかってくれないのか，
と感じてしまうこともある。この子どもたちへのかかわり方は本当にこれでい
いのだろうか，と悩むこともある。子どもを管理する権力的な教師ではなく，
子どもの声を聴きとり，子どもとともに学級づくりを進めようとする教師であ
ろうとするからこそ，教師として揺れてしまうことがある。

　だからこそ学級づくりを進めていくうえでは，担任である教師が学級づくり
上の困難を一人で抱えこんでしまうのではなく，その困難な状況を聴きとり，
共有しながら，ともに考えてくれる同僚教師との関係が必要である。学級が落
ち着かない状態を，担任する教師の力量のなさであると責め合う関係ではなく，
困ったときにはヘルプが出せ，支え合える関係や仕組みが，学級づくりを進め
ていくうえで重要である。

（2）子ども理解を深め合う教師のつながりをつくり出す

　学級づくりにおいて教師相互のつながりが求められるのは，具体的な子ども
たちの姿をめぐって教師が相互に語り合える場が，子どもの世界を読み解くこ
とにつながるからでもある。ある子どもの事実について，ある教師の見え方と
他の教師の見え方を付き合わせることによって，また，それぞれの教師がつか
んだ子どもの異なる姿を付き合わせることによって，なぜその子どもがそのよ
うな行動をとらざるをえないのかが読み解かれ，実践の方針が模索される。

　子ども理解は，教師が向き合っている目の前の子どもたちを理解することで
あると同時に，教師自身がその子どもをどのように理解しようとしているのか
を理解することでもある。子どもたちの姿を確かに日々見ているのであるが，
教師が自分自身の「色眼鏡」を介してその子を理解しているがゆえに，子ども
の声が聴こえてこないこともある。教師が相互に子ども理解を深める対話の場
をもつことで，自分自身の子ども理解から距離をとり，問い返すことにつなが
る。そのような営みを通して，もう一つの子どもの姿に出会えるのである。

1. どの子どもたちも居場所を実感できる学級づくりを進めていくためには，どのような対話・討論や活動をつくり出していくとよいのだろうか。学級づくりや生活指導に関わる教育実践記録を収集して，話し合ってみよう。

引用・参考文献

浅野誠（1996）「生活指導を変える」柴田義松編著『新・教育原理』有斐閣双書

今泉博（2003）『まちがいや失敗で子どもは育つ』旬報社

大田堯（2014）『大田堯自撰集成2　ちがう・かかわる・かわる―基本的人権と教育』藤原書店

岡野八代（2012）『フェミニズムの政治学―ケアの倫理をグローバル社会へ』みすず書房

柏木修（1997）「涙と感動の大縄跳び学年ビリ」全生研編『生活指導』No.522（1998年1月号），明治図書

清眞人（1999）『経験の危機を生きる―応答の絆の再生へ』青木書店

楠凡之（2012）「生活指導と発達支援―発達権保障のための教育実践の課題」日本生活指導学会編『生活指導研究』第29号，エイデル研究所，36-52頁

楠凡之（2015）「現代の子どもの抱える生きづらさと生活指導―個人指導と関係性の指導に焦点をあてて」竹内常一・折出健二編著『生活指導とは何か』高文研

黒谷和志（2015）「子どもがことばを立ちあげる相互応答と子どもが共に生きる世界を立ちあげる対話を」全生研編『生活指導』No.721（2015年8・9月号），高文研

紺さとる（2012）「虫育てグループ誕生―つらさを語る子ども達」全生研編『全生研第54回全国大会紀要』（私家版）

佐藤学（1995）『学び―その死と再生』太郎次郎社

里中広美（2016）「うちわ係から風を起こす」全生研編『生活指導』No.724（2016年2・3月号），高文研

里見実（2010）『パウロ・フレイレ『被抑圧者の教育学』を読む』太郎次郎社エディタス

庄井良信（2002）『癒しと励ましの臨床教育学』かもがわ出版

庄井良信（2004）『自分の弱さをいとおしむ―臨床教育学へのいざない』高文研

庄井良信（2014）『いのちのケアと育み―臨床教育学のまなざし』かもがわ出版

全生研常任委員会編（2005）『子ども集団づくり入門―学級・学校が変わる』明治図書

竹内常一（2008）「生活指導における〈学び〉の系譜―集団づくりのなかの〈学び〉を意識化しよう」全生研編『生活指導』No.656（2008年8月号），明治図書

竹内常一（2016）『新・生活指導の理論―ケアと自治，学びと参加』高文研

野口裕二（2002）『物語としてのケア―ナラティヴ・アプローチの世界へ』医学書院

フレイレ，P. 著，里見実・楠原彰・桧垣良子訳（1982）『伝達か対話か―関係変革の教育学』亜紀書房

フレイレ，P. 著，里見実訳（2001）『希望の教育学』太郎次郎社

フレイレ，P. 著，三砂ちづる訳（2011）『被抑圧者の教育学』亜紀書房

原田真知子（2021）『「いろんな人がいる」が当たり前の教室に』高文研

宮坂哲文（1968a）『宮坂哲文著作集［第Ⅰ巻］』明治図書

宮坂哲文（1968b）『宮坂哲文著作集［第Ⅱ巻］』明治図書

文部科学省（2022）「生徒指導提要」［WEB閲覧可］

山﨑隆夫（2001）『パニックの子，閉じこもる子達の居場所づくり』学陽書房

本書の各章でもたびたび取り上げられる文部科学省の「生徒指導提要」の旧版(2010)の中に，次のような興味深い一節がある。

「人間は社会によって一方的に育てられる受け身の存在でしかないというわけではありません。乳幼児期においてさえ，一個の独立した存在として自らの欲求を主張し，自らの力で成長・発達しようとする存在でもあるのです。（中略）さらに児童期・青年期へと成長・発達すると，新たな環境，新たな関係，新たな情報や知識などに触れることにより，新たな自己の欲求に目覚めたり，時に社会とぶつかったりしながら，自らの人格を完成させようとします。」(p. 9)

ここまで本書を読み進めてきた読者のみなさんにとって，このような記述が意図するものをいっそううまく理解するために，このコラムでは生徒指導を「ケアの倫理」の観点から特徴づけられないか，考えてみたい。

改訂版の「生徒指導提要」(2022)では，旧版の「自己存在感」「共感的な人間関係」「自己決定の場」，に加えて「安全・安心な風土」という4つを，生徒指導の実践上で重視するべきものとして挙げている。これら4者を，教師による指導の帰結や成果として捉えてしまうのだとしたら，実に惜しい。単に教師の指導の結果として生徒指導を捉えるのではなく，むしろ生徒の成長と教師自身の成長との往還的な過程にあるもの，すなわち互恵性や相互成長を特徴として機能するもの，として考えておきたい。

学習指導要領の道徳科に登場する表現を借りれば，児童生徒が「自らの成長を実感できる」生徒指導が求められてよい。誰もが経験するように，とくに幼児期や思春期の人格の形成には苦闘も喜びも共存する。したがって，「成長を促す指導」のみならず，生徒にとっても教師自身にとっても「成長を実感する指導」，あえていえば成長する喜びや成長を手助けする喜びを通じた「成長実感」のある「うれしい」生徒指導の姿が浮かび上がる。そしてこのような考え方に導いてくれるものがケアの倫理であるし，こうした理解こそが，ケアの倫理としての生徒指導のイメージである。

確かにケアと聞けば，人間の行為であるからには，保育や教育の営みと同じように，自己と他者との具体的な関係や相互作用を前提していることは理解できるだろう。同時に，ケアすることやケアされることが私たちの生きている現実と切り離すことができないものであることも理解されるだろう。ケアは人間の生と不可分であるとか，生きていることそのものであるともいえるだろうか。

ケア論の祖としてしばしば言及されるアメリカの哲学者メイヤロフ（Mayeroff, M.）は，ケアを「私たち自身の生を自分たちがもっとよく理解するのに役立つ」（メイヤロフ 1987, p.16）ものと位置づけて，「私は他者を自分自身の延長と感じ考える。また，独立したものとして，成長する欲求を持っているものとして感じ考える。さらに私は，他者の発展が自分の幸福感と結びついていると感じつつ考える。そして，私自身が他者の成長のために必要とされていることを感じとる。私は他者の成長が持つ方向に導かれて，肯定的に，そして他者の必要に応じて専心的に応答する」(p.26)と述べる。ここに示されるのが「他者の成長を助けることとしてのケア」である。彼は他にも『ケアの本質』の中で，ケアを「価値を決定し，人生に意味を与えるか」という視点や，「ケアによって規定される生の重要な特徴」といった視点のもとで，生きることとしてのケアについて述べている。

また他方で，ケアへの女性的ないし関係

論的なアプローチとして「ケアの倫理」を主唱したノディングズ（Noddings, N.）は，『ケアリング』の中で，「ケアする人」から「ケアされる人」への一方的な世話や働きかけがケアなのではなく，双方の主体的で貢献的な関わりという条件があってケアリングの関係が成り立つのだと述べて，他者への応答責任や相互依存性について論じている。人間の生存と成長は「互恵性の倫理（ethic of reciprocity）」によって特徴づけられているのだ，と指摘して，この互恵的な関係をケアの倫理として位置づけている。ノディングズにとっては，個人としていかに自律や自立を果たし独力で成長していくか否かが教育の目的であるとは捉えられない。お互いに依存していることや相手の存在と呼応し合うことを通じて，理想の自己の姿を探究することに何よりも価値が置かれる。ノディングズは「私たちはそれぞれ道徳的なケアする関係のなかで他の人に依存している。だから，私が探している善，言い換えると倫理的な自己の完成は，部分的ではあるにせよ，あなた，つまり他の人に依存しているのである」（Noddings 1984, p.48）とさえ述べている。

このようにケアの一般的な意味としての「世話」「援助」以上に，「生きることの意味」の探究や，教師と子どもが相互に成長する教育の実現をケアが含んでいることが理解できるだろう。ではこうしたケアの倫理の観点は，先に見た生徒指導の4つの機能とどのように具体的に関連づけられるだろうか。順を入れ替えつつ以下にまとめてみよう。

安全・安心な風土をつくる：お互いの個性や多様性を認めることを通して，安心感のある学級生活や学校生活を営む。

自己決定の場を与える：人間の多様なあり方生き方を学ぶ中で，自他のためになる行動や社会的に責任ある行動を考える。

自己存在感を高める：「いま・ここ」に生きている自分自身をかけがえのない唯一無二の存在であると伝え合う。

共感的な人間関係を育む：日常生活の中で与えることや助けることといった活動を通して，3つのC（care, concern, connection，ケア・関心・つながり）を学ぶ。

いま共感的な人間関係とのかかわりで最後に示した3つのCとは，やはりケアの論者の一人として位置づけられうるマーティン（Martin, Jane R.）が『スクールホーム』の中で示したものである。ケアすることやケアされることが，これからの我が国の学校教育の中心的な課題となる「資質・能力」の育成と響き合うことを期待したい。その際には，できていないことのあら探しや他者との比較にならずに，できるだけ肯定的に子どもの姿を受けとめ，励まし勇気づける，という未来志向的で温かな生徒指導が求められるであろう。

引用・参考文献

マーティン，ジェーン R. 著，生田久美子監訳・解説（2007）『スクールホーム―〈ケア〉する学校』東京大学出版会

メイヤロフ，M. 著，田村真・向野宣之訳（1987）『ケアの本質―生きることの意味』ゆみる出版

Noddings, Nel（1984）*Caring, A feminine approach to ethics and moral education*, University of California Press.（ノディングズ，N.（1997）立山善康他訳『ケアリング―倫理と道徳の教育 女性の観点から』晃洋書房）

第 5 章

授業づくりと生徒指導—深みのある学び合いをどうつくるか—

はじめに

　授業は，子どもの生活が躍動する「生徒指導」の舞台である。授業を通して，子どもは新しい知識・技能を習得しているだけではない。日々の授業の中で，子どもは，そこに自分が自分として「居ること」を求め，多様な他者と学び合う中で，自分が自分らしく「在ること」を探し続けている。つまり，授業の中で子どもたちは，自分という存在（being）を探索し続け，社会の中に生きる自己の存在感（安心感）を確かめ続けているのである。その意味で，子どもにとって授業は，学習指導の場であると同時に，生徒指導の場でもある。

　一方，教師にとっても，授業は，既存の知識・技能の一方的な伝達の場ではない。日々の授業づくりで，教師は，教材づくり（教材解釈）を通して，教科内容とその背景にある文化を学び直し，自分が教える知識・技能の「意味」を問い直し，それを主体的・対話的で深い学びに転換する。教師が授業づくりの専門性を高めるためには，この一連の叡智と，それを構想・実践・省察していくための臨床的な実践力が求められる。

　このような授業づくりを通して，教師は，日々，新たな自分と出会い直していく。この経験の中で，教師は「弱さ」を抱えた自分を受容できるようになり，一人の人間として成長できるようになる。その結果として，教師は，授業で学習指導の専門性のみならず，生徒指導の専門性を高めることができる。ここで求められるのが，子どものかけがえのない人生に，臨機応変に応答する教育的思慮深さである（第 1 章コラム①参照）。

　この章では，授業づくりと生徒指導の専門性との関連について，ある初任者教員の学びの軌跡を省察した実践記録から考えてみたい。なお，この実践記録

は，筆者（佛圓）がこの初任者教員に寄り添い支援する過程を，対話的な自己省察記録の研究（autoethnography）として叙述し，それを共同筆者（庄井）とともに再叙述したものである（Chang et al. 2012）。

1 授業における生徒指導とは何か—「提要」（2022）の位置づけ：ともに認め・励まし合い・支え合う集団をつくる

はじめに，改訂された「生徒指導提要」（以下，「提要」（2022））の記述に即して考えてみたい。小学校から高等学校まで，授業は主に学級（教室）を基盤とした集団で実践されている。小学校の場合，学級は，子どもの生活と学習のホームルームとして機能している。例えば「提要」（2022, p.41）では，授業における生徒指導に関して，次のように記されている。

> 学習指導において，児童生徒一人一人に対する理解（児童生徒理解）の深化を図った上で，安全・安心な学校・学級の風土を創り出す，児童生徒一人一人が自己存在感を感じられるようにする，教職員と児童生徒の信頼関係や児童生徒相互の人間関係づくりを進める，児童生徒の自己選択や自己決定を促すといった生徒指導の実践上の視点を生かすことにより，その充実を図っていくことが求められています。
> （下線は筆者）

さらに「提要」（2022, p.42）では，学級・ホームルームが，子どもの学習や生活の基盤となると指摘され，その積極的な役割について，次のように指摘している。

> 児童生徒は，学校生活の多くの時間を学級・ホームルームで過ごすため，自己と学級・ホームルームの他の成員との個々の関係や自己と学級・ホームルーム集団との関係は，学校生活そのものに大きな影響を与えることとなります。教員は，個々の児童生徒が，学級・ホームルーム内でよりよい人間関係を築き，学級・ホームルームの生活に適応し，各教科等の学習やさまざまな活動の効果を高めることができるように，学級・ホームルーム内での個別指導や集団指導を工夫することが求められます。
> ……中略……
> 学級・ホームルーム経営は，年度当初の出会いから始まる生活づくりを通して，学級・ホームルーム集団を，共に認め・励まし合い・支え合う集団にしていくこ

とを目指します。これは，児童生徒の居場所をつくり，失敗や間違いを通して皆で考え，支え合い，創造する集団，つまり，生徒指導の実践集団を育てることでもあります。その際に，児童生徒の発達を支えるという視点が重要になります。なぜなら，児童生徒は，それぞれが直面する課題を解決することによって自己実現し，自己指導能力を育んでいくからです。

　　……中略……

　学級・ホームルーム経営では，児童生徒自身が学級や学校生活，人間関係をよりよいものにするために，皆で話し合い，皆で決めて，皆で協力して実践することを通じて，学級・ホームルームの友達のよいところに気付いたり，良好な人間関係を築いたり，学級・ホームルームの雰囲気がよくなったりすることを実感することが大切です。このように学級・ホームルーム活動における自発的・自治的な活動を通して，学級・ホームルーム経営の充実を図ることで，学級・ホームルームにおいて，お互いを尊重し合う温かい風土が醸成されます。（下線は筆者）

　いま，複雑な社会状況の中で，子どもたちは，安心と安全が保障された環境（ホーム［home］が実感できる場）を希求し，肯定的な自己感覚（自己存在感：affirmative sense of self）を模索している。深い事情を背景に，日々の生活の中でそれを見つけられずに苦しんでいる子どもがいる。安心感に包まれて，おおらかに自己選択や自己決定ができる子どももいれば，不安感と不信感に捕らわれて，それが難しい子どももいる。

　上記の「提要」（2022）で言及されているように，質の高い集団とは，共に認め・励まし合い・支え合う集団である。それは，一人ひとりの子どもに「居場所」をつくり，失敗や間違いを皆で考え，支え合い，よりよい学びと生活を創造する集団である。このような集団の最も基盤となるのが，ケアし合う関係性である。それは，互いの人権と尊厳に顧慮し合うことを通して，穏やかな安心感を実感できる関係性である。学びと生活の基幹となる集団としての学級は，このケアし合う関係性を導きの糸として，自治的な集団へと発展する。つまり，一人ひとりの子どもの生活と学びのリアルな生活現実から生まれる願いに寄り添い，それを聴き合い，語り合い，対話することを通して，自治的で自己教育力のある集団が創られる。その過程で，一人ひとりの子どもに，多様な他者と未来にひらかれた「自己指導能力」が育まれる。

2 ある教師の試みー小学校低学年の授業実践にどう挑むか

（1）小1プロブレムを乗り越える

　斎藤陽子先生は，大学を卒業したばかりの初任教諭であった。前年の4月に，都市部の郊外にあるニュータウンのA小学校（児童数600名程度）に配属が決まり，意気揚々として教壇に立った。初年度は4年生の担任として初々しいスタートを切ったが，大学時代の教育実習や採用試験の模擬授業で思い描いていたようにはいかなかった。純真無垢で可愛らしい笑顔が印象的だった子どもたちも，次第に教師に反発したり，学校に行き渋るようになったりしていた。

　5月の定期家庭訪問のときには，早くも保護者からの苦言やクレームに直面せざるをえなくなった。

> 保護者Aさん：「先生は初心者マーク付きだから，言っても仕方ないかもしれませんが，我が子にとってはかけがえのない1年間なんです。子どもは授業がわからないと言っています」
> 保護者Bさん：「先生は良く怒るから学校が面白くないと言っています」
> 保護者Cさん：「1年生の時の担任の先生はよかったとそればかり言っています」

　こうした苦情行脚の家庭訪問は，陽子先生にとっては相当堪えたようであった。そして自信喪失の「五月病」に苛まれるようになった。

　しかし，5月下旬に開催される運動会に向けて，同学年3学級合同の体育の準備や練習が増えたこともあり，授業不成立や学級崩壊は，当面，凌ぐことができた。もしもこの期間がなかったら，陽子先生は教職を続けることができていたかどうかわからない，と今も深刻な表情で当時を振り返る。陽子先生にとって，子どもの実態を手探りし，授業の教材研究に明け暮れ，慣れない学年会や分掌会議に奔走し，その合間をぬうように教育委員会主催の初任者研修が押し寄せる日々が続いた。それは，かつて経験したことのない怒涛の年度始めだった。けれども，合同で運動会練習をする中で，同学年や他学年の同僚や子

どもたちに目を向ける機会があったのは幸運だった。

　まず，広い運動場のなか，小さな声一つで子どもたちの集団行動を指導している先輩教師を見て，打ちのめされる思いがした。それは，狭い教室の中で，いつも大きな声を張り上げている自分とは比べようもない姿だった。

　「子どもたちは，叱られるのが怖いから従っているだけなのだろうか……だが，子どもたちは汗をかきながら真剣に取り組んでいる。達成感に笑顔がはじけている。同僚の先輩教師と自分とは何が違うのだろうか。これまでもこの先輩教師のような指導に触れることはあったし，教師になるための基礎的な勉強もしてきたはずだ。それなのに，私から子どもたちの心が日に日に離れていくのは何故だろうか……」。

　陽子先生は，あらためて「今の私に足りないものは何なのだろうか？」と，自問自答する好機を得た。同じ学校の若手教師で，校内授業研究サークルの代表をしている達也先生から声がかかったのだ。

　　　達也先生：「若手の希望者だけで授業サークルをやってるんだけど，今週，
　　　　　　　　顔を出してみないかい？」
　　　陽子先生：「えっ，運動会期間もやってるんですか？　私はへとへとなん
　　　　　　　　ですが，皆さん元気ですね……」
　　　達也先生：「ぼくもへとへとだけど，運動会も授業なんだよ。それに，今
　　　　　　　　が一番大事なんだ」
　　　陽子先生：「そうですね，行けたら行ってみます。……いえ，ぜひ行かせ
　　　　　　　　てください」

　陽子先生にとって，このやり取りがその後の教職人生のターニングポイントとなった。達也先生は 30 代前半の若さで，校内研究推進委員会の委員長にも抜擢されていた。陽子先生も，初任者として働きはじめた 4 月当初には，校内の全体研究会で達也先生の熱心なプレゼンを聞いたことがあった。

（2）研究構想を自分事に――「自尊感情に裏打ちされた学び合い」を創る

　達也先生は，校内授業研究サークルに集った新任の教師たちにも自分の思い
を語りはじめた。達也先生は，いじめや差別，学力低下，アイデンティティを
もてない児童などに正面から向き合い，授業の中で「自尊感情に裏打ちされた，
自己実現していくための学力形成」を重視していた。それは，校内の研究主題
でもあった。そして，社会の中で自分らしく生きるための基盤である自尊感情
の育成を図ることや，異質なものを認め，多様なものの見方・考え方とその表
現につながる「共生し合う学び」を保障していくことが，子ども一人ひとりの
自己実現を図っていくうえで不可欠だと考えていた。

　Ａ小学校が定義する自尊感情は，4層構造のピラミッド（図5.1）で表現さ
れていた。達也先生はこう語った。

①包み込まれ感覚（sense of security）

　この第1層となる土台因子が「包み込まれ感覚」（安心感）である。Ａ小学
校の子どもたちは，ここがとても危うかった。この安心感が揺らいだり先細っ

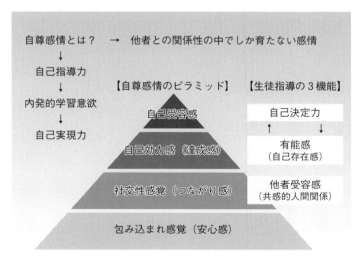

図5.1　「自尊感情のピラミッド」
出所：Ａ小学校研究推進委員会

たりしていると，そこに上位の層が積み上がっていかない。

　土台となるこの安心感の裾野を，子どもたち一人ひとりにどれだけ豊かに広げられるかが勝負だ。その感覚と対極にあるのが，自卑感情としての不安感だ。一人ひとりの子どもから，この不安感をどう取り除くことができるのか。いつも疑心暗鬼で，教室に安心の拠点をもてない子どもたちを，この不安感から救うには，まず包み込まれ感としての安心感を充足するために，あらゆる力を傾注したい。

　例えば，「いつだって，先生が私のこと守ってくれている……だから，まちがっても大丈夫だよ……きっと，先生が受けとめて意味づけてくれるはず……」，子どもたちがそう実感できる授業を創りたい。そう願えばこそ，家庭や地域では得にくくなっている自尊感情の土台を学校でケアしながら育む気概をもとう。達也先生はそう呼びかけていた。

　そのとき，サークルの先輩教師の数人がそっと補足した。「ここで我々の子どもを見取る力（子ども理解の力）がもっとも問われるよ」「我々の中に支配とか排除の思想があると，子どもの課題しか見えなくなって，不安感を煽るだけになってしまうんだ」「安心感がたっぷり充足している子どもは，自分から仲間を求め，価値ある目標に向かって努力しようとするんだよ」……このように，何事も土台である安心感の充足が肝心だと語った。

②社交性感覚（sense of peer-interaction）

　第2層は「社交性感覚」である。「私もよくわからないからAさんといっしょに考えてみたいな」「Bさんもきっと私とおなじきもちだよね……そうだったらいいな」という横のつながりの実感である。それは，お互いの微妙な気持ちがゆっくりと響き合う阿吽の呼吸のようなものだ。このような社交性感覚が薄れ，教室の中に疎外感や孤立感が充満していると，個別な課題の「自力解決」はできるかもしれないが，他者の気持ちや認識はなかなか自分の頭に入ってこない。個別最適化された学びは，他者に開かれた協働の学びの中でこそ実現される。達也先生は，この第2層についてこう語った。

「ワークシートを一生懸命書いていても，その後のペアや班での話し合いでは自分が書いたものを発表するだけで，対話して交流することが難しいんだよ」

「だからこそ教師が安心のシャワーを常に降り注いでおかないといけないし，わずかでも気持ちや思いの交流が見られたときにはたっぷり褒めますよ」

「大人でもそうだけど，共感的な人間理解にまで至るには，他者への信頼感を丁寧に育てていかなくっちゃね」

「そのためにも，困り感のある仲間を（見ない振りをして）放っておかない，そしてその仲間の先頭に立てるような，スイミーのように，平和を求める民主的なリーダーを育てていく必要性も感じています」

このように話した後，達也先生は，これらの課題は，本年度の「研究の切り口」にするべく模索中だと語った。

③自己効力感／自己有用感（sense of self-efficacy）

第3層は，自己効力感／自己有用感である。これはA小学校では最も大きな実践課題であった。この感覚は，学力（認知能力と非認知能力，その基礎となる肯定的な自己感覚が他者との関係性において積み上げられ構造化されたもの）（図5.2）の中枢にある感覚である。それは，例えば，「みんなの考えをつないでいったら，私がつくった『めあて』にたどりついたぞ」「あの子は私が予想もつかないことを考えていてとても参考になった，すごい！」「私の考えもみんなの役に立った」という実感である。しかし，毎年のようにこのような実感を味わえる授業ができるわけではない。達也先生は，「せっかくいい意見が出てきても交通整理ができなくて，その意見を活かしきれずに終わってしまう授業が多いんです」「いざというときに授業者の頭の中がこんがらがってきて，子どもどうしの意見がうまくつなぎきれないんです」「子どもへの刻々の評価が足りていないのも事実ですが，論点を絞り込んで子どもたちが考えたくて仕方がないように仕向けていく『切り返し発問』（さらに深い探究や学び合いを誘発する発問）の精度が足りないとも思っています」と，自分も悩みもがいている

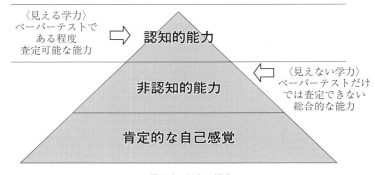

認知的能力と非認知的能力
を支える肯定的な自己感覚

〈見える学力〉
ペーパーテストで
ある程度
査定可能な能力 ⇨ 認知的能力

非認知的能力 ⇦ 〈見えない学力〉
ペーパーテストだけ
では査定できない
総合的な能力

肯定的な自己感覚

図5.2　学力の構造

最中であることを語った。

④自己受容感（sense of self-compassion）

　第4層に位置するのが自己受容感である。これは，「自分はいっぱいドジも
踏み不完全な人間だけど，まんざらじゃないぞ，と思うところがある」「（自分
には『弱さ』もあるが）自分にも自分らしい良さがある」という実感を伴う自
己感覚である。このことに関して，達也先生は，次のように語った。

　「1時間の授業を振り返りながら，仲間や先生が『あなたらしいなぁ』と
言ってくれることも，こうした自己受容の実感を膨らませていく力になるの
ですが，やがては授業や自分をメタ認知できる力（なぜ，自分はこのような実
践ができたのか，あるいは，できなかったのか，その背景や要因などを，自分で
振り返ることができる力）をつけていきたいものです。今はまだ模索の段階
ですが，独自の『振り返りカード』を試しています。」

　それを聞いた，新任の陽子先生は「先輩も，もがきながら挑戦している」の
だと感じた。そしてその誠実な姿に触れることができ，4月当初に耳にしてい
たはずの達也先生のプレゼンが，今少しずつ腑に落ちていく気がした。

（3）同僚と学び合うということ

　達也先生の話は続く。「Ａ小学校の授業で学び，同じ学区の中学校へ進学し，高等学校に入学した子どもが，社会の中で，人生の危機に遭遇し，困難を抱えざるをえなくなることも多かった。もちろん，児童期から思春期を経て青年期にいたる人生の過程は，決して平坦なものではない。児童期（小学校）までに育まれた自我をいったん解体して，思春期から青年期には，これこそが（他者の中で生きる）自分だと実感できる自我へと再建されていく。この時期は，子どもの人生にとって，まさに疾風怒濤の時代だ。どの子ども（若者）も多かれ少なかれ，育ちの危機を迎える。そうわかっていても，自己受容感までをきっちりと育てていなかった自分たちの責任かもしれない」と，悔しそうにつぶやいた姿が印象的だった。

　児童期に育まれた自己受容感（自分の「弱さ」も「強さ」もまるごと受け容れて生きられる感覚）は，その後の育ちにおいても，いざという局面で「諦めない力」に昇華していくと考えられている。その「諦めない力」は，「根拠のない自信」だといわれることもある。だがそれは，無謀な自信や過剰な自信ではない。そうではなく，大局の（生態学的な）力動を感受しながら湧き出してくる穏やかな自信である。自分という存在が，何か大切なものに見守られている，そして，この難局は，きっとよりよく打開できるという感覚に裏づけられた自信である。この「根拠のない自信」は，世界への基本的信頼感から生まれるものだと考えられている。最後に，達也先生は，こう語った。

　「校内全体研究会があるたびに皆で確認し合っていることは，子どもにはしっかりと『自尊感情に裏打ちされた学び合い』を育てていきたいのですが，同時に，我々自身もこの教職員集団で『自尊感情に裏打ちされた学び合い』を実践していきたいということです。どちらかというと，我々自身が先ずそれをしていかない限り，子どもの中に，そのような学び合いは育ってこないような気がしています。そのような学び合いを経験することを通して，自分自身の中に潜んでいるハラスメント性（意図しない他者へのパワーの濫用）に

気づき，自分が変わる努力をしていかないといけないと思っています。我々も試行錯誤しながらともに頑張っていきましょう。」

この言葉に，新任の陽子先生は最も励まされた。子どもの自尊感情のケアと育みが，実は崩れかけていた自分自身の自尊感情の再生と裏腹にあることに気づかされたからである。校内にも，実践に悩みもがく仲間がいる。そしてそこで終わるのでなく，現在進行形で学び合える仲間がいる。たしかに，学校は，毎日が繁忙期の渦中にある。しかし，恒常化した繁忙期のただなかで，陽子先生にとっても，毎月1回の校内授業研究サークルが一つの重要な生命線になっていた。一つの授業を，同僚と学び合う土俵に上げ，皆が同じ地平に立って思いのたけを正直に語り合う場になっている。このことに陽子先生は，大きな魅力を感じていた。そして，ようやくA小学校の教職員の一員になれたような気がした。

（4）『サラダでげんき』（小1国語）に挑む
陽子先生の初任1年目は，まさに悪戦苦闘の連続だった。地域の人間関係は希薄で，配慮を要する子どもの家庭も地域で孤立していることが多く，保護者との信頼関係づくりは，子どもとの関係づくり以上に悩むことも多かった。陽子先生は，校内授業研究サークルの同僚（仲間）とケアし合い，励まし合い，切磋琢磨しながら前に進もうとした。

陽子先生になかなか心を開こうとしない彩美は，学校を休みがちであった。しかし，不安でいっぱいの家族関係を補う安心を築こうと，陽子先生は，彩美をいつも温かく受容し続けた。休憩時間には鬼ごっこをしたり手芸サークルを開いたりして，彩美と同級生との関係性を築こうとした。不定期の家庭訪問では，彩美らしさ（よさの物語）のエピソードを，疲弊した母親に語り続けた。苦戦が続いたが，自他の自尊感情への目覚め（意識化：conscientization）は，陽子先生らしい実践を形づくり，徐々に自分を前に押し出す勇気となった。保護者からのクレームは，保護者のわが子への切実な愛情表現だと思えるように

もなった。そして，しっかりと誠意を尽くせば，どの保護者も，「共育（子どもを共に育む）パートナー」になりうることもわかってきた。自分の実践の「弱さ」も隠すことなく保護者と語り合うことで，「共育」の一歩が踏み出せることにも気づいた。そして，彩美も彩美の母親も，ようやく愛おしく思えるようになった頃，ついに初任1年目を乗り切ることができた。

　陽子先生は教職2年目を迎え，1年生を担任することになった。学区の保育所や幼稚園から上がってきた子どもの情報は，予想以上に厳しいものだった。特定の発達特性が顕著な健太と真美，日々，母親との緊張関係に曝されている春子，その他にも，父親がリストラで職を失い，厳しい経済状況の中で生活している子どもが複数いた。だからこそ陽子先生は，何よりもまず教室を，こうした子どもたちの「安心の拠点」（居場所）にしたかった。一人ひとりを丁寧につないで人間への信頼の輪を拡げたかった。そして，そのための重要な生命線は授業だと考えた。

　そう願いながら陽子先生は，学級づくりと授業づくりの実践を続けた。そして秋を迎えた。『サラダでげんき』（国語）は，陽子先生が全力で挑んでみたい授業だった。この授業を通して，さまざまな困難を抱えた子どもたちだけでなく，自分自身も，ほんとうの意味で「元気」になりたかった。以下は，そのときの授業記録である。（注：この記録の中の［　］で囲った部分は，読み手に状況が理解しやすいように筆者（佛圓・庄井）が補足している。また，一部，地域の方言でわかりにくい部分は標準言語に変換して記述している。Cn は複数の子どもたち，C11〜16は，固有名のある子どもである。）

　陽子先生：今日はいよいよアフリカ象が出てくる最後の場面です！　みんな
　　　用意はいいですかー？
　Cn：はぁーい！　じゅんび OK！
　健太：せんせい！　きんちょうしないでね！
　陽子先生：先生，実は緊張しているのよ。困ったときは健太さん，助けてね。
　健太：まかしといて！

春子：わたしもがんばる！

陽子先生：ようし，りっちゃん（作品の登場人物）の気持ちに迫っていく
　　ぞーっ。みんなで今日のところを声に出して読んでみようねー。指でなぞ
　　る人は準備いいかなーっ？

　一斉の音読が始まる。真美は春子に声をかけられて指でなぞりながら声に出
している。陽子先生は，読点で「うん」，句点で「うんうん」と笑顔で合いの
手を繰り出す。

陽子先生：正しく読めてたよ。真美さん，よく声が出ていたねー。春子さん
　　の［真美さんへの］声かけ，あったかかったよ……。さて，では，むずか
　　しいことを聞きますよー，いいかなー？

　陽子先生は，とりわけ配慮が必要な子どもたちの些細な動きを見逃さなかっ
た。そして，子どもと子どもがつながる学習行為はとくに見逃さず意識しなが
ら褒めていった。褒められた春子の恥ずかしそうな笑顔が印象的だった。作品
に登場してきた今までの動物たちとアフリカ象との違いを確認し，いよいよ授
業のヤマ場の「発問」（問いかけ）に入った。

陽子先生：「りっちゃん」は今までいろんな動物に教えてもらってたけど，
　　全部自分でやってたよねえ。でも，今みんなが見つけてくれたように，最
　　後の最後でアフリカ象がくりんくりんって混ぜちゃった！
Cn：ほんとー！　そうだねー！
陽子先生：え〜，りっちゃん，そのとき，どんな風に思ったのかなぁ？
Cn：せんせーい！　はん［班：小集団］で話し合ってもいいですかー？
Cn：わたしたちも［話し合う時間が］ほしいー！
春子：わたしもほしいー！

当日は，中学校区の研究授業を兼ねていた。中学校の教師たちは，この小学校で子どもたちが，自ら話し合いを求める真剣さ，話し合いに入ってから額が触れあうほど身を乗りだして，頭を寄せてひそひそと密談を交わしている様子などを見て，「これぞ主体的で対話的な授業だ！」と驚きの感想を述べていた。しかし，問題は，国語の授業として，それがどこまで「深い」内容を探究できたかということであった。

　実は，この主要発問については，中学校区の事前検討会でも，その是非が問われていた。「この教材で大切なのは，登場人物（りっちゃんや動物たち）の様子を想像しながら丁寧に読むことだから，『りっちゃんの気持ち』に迫るべきではない。」と，大半は否定的であった。しかし，授業者である陽子先生は「あえてそこまで踏み込むことによって，アフリカ象らしい強みやそれへの深い感謝，そして何よりもこうした協働があったからこそ，母親を最高に元気にした価値ある『最高のサラダ』になったことを教えたい。だからどうしてもやりたい。」と主張したのである。夏季休業中に行われた事前検討会で，この点に関する議論が白熱した。

　しかし，ここで，この低学年分科会に参加していたA小学校の授業研究サークルのメンバーが陽子先生の挑戦を後押しした。「陽子先生のクラスには，登場人物［りっちゃん］にとことん同化して［つまり人物の気持ちになりきって］，［りっちゃんの］気持ちを考えさせたい子どもが沢山います。」「［りっちゃんの］心情に迫ることで，様子の読み取りが深まるのではないでしょうか」と。そこで，陽子先生の研究授業の前に，［りっちゃんの気持ちに］「同化するべきではない」と考える立場の授業をC小学校で実践し，［りっちゃんの気持ちに］「同化してこそ」様子の読み取りが深まると考える立場の授業をA小学校（1年生の学年主任の学級）で実践した。その結果，「同化してこそ」の立場だったA小学校の方向性が，有望であることが明らかになった。そこで，陽子先生の研究授業は，後者の方向で実践することとなったのである。以下，研究授業の記録である。

陽子先生：では発表してもらいますよ～！　わけもしっかり言えるといい
　　ね！　どうぞ。

健太：すっごいはなだなぁ，です！

春子：つけたしです，わけは，すごいはなでくりんくりんやってくれたから
　　です。だからサラダがもっとおいしくなったよ。アフリカぞうさん，あり
　　がとう！

Cn：はぁ～はぁ～はぁ～（相槌をうつ）

真美：わたしのかわりにやってくれたからおいしくなったよ，ありがとう！

C10：わたしのちからではじょうずにまぜられなかったの。

健太：いそいできてくれてよかったよ。もうすぐたべるところだったんだよ。

C11：つけたしです。とおくからきてくれてありがとう。

陽子先生：たくさん考えたねえ。すごいぞ！　でも，みんなのノートを見て
　　たらもっと違う考えもあったようだけど，どう？

C12：うん。もうやらなくていいよ，です。どうですか？

C13：つけたしです。さいごはわたしがやりたいの，です。

陽子先生：なるほど～。陽子先生もやっぱり最後だから自分でやりたいなあ。

Cn：えええっ？

Cn：はん［班：小集団］ではなしあわせてください！

陽子先生：じゃあ，あんまり時間がないけど，いい？

Cn：いいでーす！　しんけんにはなします！

　このとき，子どもたちの真剣さはさらに増したようだった。授業後の中学校
区の事後検討会では，C小学校の授業者が「小学校1年生でここまでできるこ
とに驚いた。しかも，陽子先生の『なるほど～。陽子先生もやっぱり最後だか
ら自分でやりたいなあ。』という『ゆさぶり』に，1年生の子どもたちは，見
事に応えていました。動物たちへの感謝や何よりお母さんの回復を心から喜ん
でいる『りっちゃん』に，しっかりと同化できていました。すごかったです」
という感想が寄せられた。つまり，陽子先生が授業を行った1年生の子どもた

ちは，この作品の読者として，りっちゃんという登場人物の視点と「同化」して，登場人物の体験をともに体験しながら，結果としてりっちゃんや動物たちの様子を豊かに想像しながら丁寧に読むことができていたのである。

陽子先生：ようし！　班でしっかり発表してくださいね。

Cn：はぁ～い！

春子：いいかんがえがいっぱいでてきたので２はん［班］にあててください！

陽子先生：じゃあ，春子さんがたくさん引き出してくれたので２班さん，どうぞ。

C14：やっぱり，アフリカぞうさんが来てくれたからおいしいドレッシングになったのでアフリカぞうさんでないといけなかった。

C15：だから，わたしたちのはん［班］は，ほんとにありがとう！　です。

春子：それに「たちまちげんきになりました」ってかいてある。

C16：それくらいおいしかったってこと！

Cn：はぁ～はぁ～はぁ～（相槌をうつ）

Cn：なるほど～。

C12：ぼくも C13 さんも，それから陽子せんせいも，じぶんがやるよっていったけど，２はん［班］さんのをきいてて，かえました。

C13：わたしもです。りっちゃんはやりたいきもちもあったけど，やっぱり，ぞうさんのほうがおいしくなるのでやってもらってよかったなって。

陽子先生：なるほどなるほど～。友だちの考えを聞いてて変えたんだ。すっごいなぁ～。C12 さんも，C13 さんもとっても素敵です。みんなの力でおいしいサラダを作ったのと，みんなの力ですごい考えが作れたのと，すごく似てるね。

Cn：はぁ～はぁ～はぁ～（相槌をうつ）

陽子先生：では最後に，いつもの「振り返りカード」を書いて終わりにしましょう。

Cn：やったー！　かきたい，かきたいっ！！

（5）陽子先生を再生させたもの

　Ａ小学校がお互いに支え合い協働し合う文化を，自主的・自治的に胎動させ，陽子先生をはじめ若手教師たちを再生させた原動力は，校内の授業研究サークルであった。陽子先生は，ここで教師として自分らしく生きる未来を見出し，その奥深さを知った。それは，深い授業づくりが質の高い生徒指導となることへの気づきでもあった。

　ここで陽子先生が得たのは，ハウツー的な授業のノウハウやマニュアルではない。陽子先生が学んだのは，子ども一人ひとりの自尊感情のケアと育みを見取る温かな子ども観であり，その可能性を最大限に引き出すことによって自己実現を後押ししようとする確かな指導観であった。それは，個別最適化された学びと協働の学びが見事に一体化し，多様性と包摂性が統一された，近未来の授業観に深くつながるものでもあった。

　一方，陽子先生は，自分が１年生の担任に決まってから，学年主任とともに近隣の保育所や幼稚園を訪ね，保幼小連絡会ですでに入手していた学区の子どもたちの記録から，一人ひとりの子ども理解を深めていた。そして園のアプローチカリキュラムでの子どもの様子も聴き取り，とりわけ配慮が必要な子どもたちが安心して「居場所」が見つけられるような授業をどのように準備しようか，と考えながら，春から始まる授業をシミュレーションしていた。これから入学してくる１年生のために，独自のスタートカリキュラムを創り，その授業を実践することで，一人ひとりの子どもが直面するかもしれない「小１プロブレム」を乗り越えられるように指導しようと考えていた。

　さらに教職２年目にして，校内研究推進委員会に所属することを自ら願い出て，中学校区の研究授業の授業者となることを申し出た。そして，『サラダでげんき』の授業に向けた準備も始め，校内の同僚（仲間）とともに自分たちの言葉での研究方針をつくった。それは，次のような仮説であった。

　　授業づくりでは，自他への信頼感が欠如している子どもを中心に，まずは
　　安心感を醸成する指導を重視したい。そのうえで，異質な意見を聴き合い，

受容し合う関係をつくり，自己効力感や自己有用感を高める指導で，その安心感の質を深めたい。最終的には，自分たちを自分たちで高めていくためのメタ認知力を培うことにも力を入れたい。これらが段階的に一人ひとりの子どもに育っていくような授業過程の中でこそ，確かな学力と豊かな心の双方が育まれ，自分らしく在りながら社会貢献ができる力として「ともに生きる力」が育つ。

「生徒指導提要」（2022）に描かれた生徒指導の目的や定義とも深く関わるこの仮説を胸に，次の研究授業でそれをさらに深く探究しよう，と陽子先生は考えたのである。

3 主体的で対話的な深い学びを創る―5つの視点

（1）気になる子どもへの顧慮（ケア）から始める

本章で取り上げたのは，かつては生徒指導において緊急に対応すべき課題が頻発し，日々の授業が成立することも困難だった小学校に着任した新任教師（陽子先生）とその同僚たちが紡いだ物語である。今日の複雑な社会状況の中で多くの子どもの自尊感情が低下している。この自尊感情の低下は，あらゆる生徒指導上の課題の背景の一つになっている。自尊感情の低下は，一人ひとりの子どもが学び合う教室に居ること（自分らしく在ること）への不安を助長し，そのウェルビーイングを深いところで蝕んでいる。

このような仮説を共有し，A小学校は，教師集団と管理職が手探りで立ち上がり，日々の授業改革に踏み切った。そこに新任の陽子先生が着任した。

A小学校では，新任の陽子先生と一緒に「よい授業」について学び合うときに，初めから指導方法や指導技術について指摘することはしなかった。どんな子が「気になる子ども」なのか。その子は，授業の中でどんな「表情」をしていたのか，を話題にするだけであった。はじめは，何を指摘されるのだろうかという緊張も，一瞬緩む。しかし，授業動画を視聴し始めると，そこで発見した数々の事実に触れて，瞬く間に顔がこわばる。それは，「自分は参加して

いるだろうと思っていた子どもが，こんなにも力のない目をして席についていたことにこれまで気づかなかった」「手悪さばかりしていて何度注意しても聞かなかった子どもだったが，主要発問のあと顔をあげて何やらぶつぶつ言っているようだった」などの気づきである。

（2）子どもの事実を発見して語り合う

研究授業後に授業動画を（決して上から目線で批評することなく）教師たちで視聴していると，さまざまな気づきが生まれる。機が熟すと，教頭や校長から，「ここはね。面白いつぶやきをしていたよ」「この子はね。隣の子がわからなかったときに，ずっと気にかけていたんだよ」と，授業の記録動画を視聴しながら，少しずつ実況解説が入る。そうすると，授業者は，さらに驚いて，その画面を食い入るように見つめる。

このような「対話」による授業研究を繰り返すうちに，ビデオに撮られることへの抵抗感が和らぎ，多様な視点から複数の目で一つの授業を捉え直していくことが，授業者にとって意味深い経験であることが実感できるようになる。このような過程を経て，時には養護教諭や学校職員も，新任教員の授業を参観し，子どもの様子について自由に意見交換できるようになる。そこから「語り合う授業研究の土壌」が生まれてくる。これが授業における生徒指導（人間存在へのケアと育み）について，教師どうしが安心して学び合うための重要な土台になる。

（3）安易な自己防衛を乗り越える

ところがこのように授業記録を視聴しながら，子どもの事実について語り合っていくと決まって出てくるのが，「この子は発達障がいですから……」「この子は家庭で基本的生活習慣ができてないですから……」という「何かの（誰かの）せいにする発言」である。しかし，記録に映し出された学びの事実（多くは生徒指導上の課題として捉えられる出来事）は，どうやら自分の指導にも課題がありそうだ，ということに教師が自ら気づきはじめる。

もちろん，教師がすぐにその気づきを認めることは容易ではない。ときには，責任を回避したり，転嫁したりする姿勢（ある種の自己防衛的な態度）が優勢になることもある。同僚もその「何かの（誰かの）せいにする発言」に同調してしまう場合も少なくない。このような自己防衛モードで，子ども理解について教師が語りはじめると，たちまちその思考が停止してしまう。

　子どもの課題を「何かの（誰かの）せいにする発言」で自己防衛するという姿勢は，対話に開かれない独善的なモノローグに閉ざされてしまう。そこで，Ａ小学校では管理職を含む同僚たちが，「ストップ！　この授業で集中の途切れた子は他にはいなかったですか？」と問いかけたり，ビデオで振り返り「先生はどう切り返す？」と，問いかけたりすることで，閉ざされた独話を，開かれた対話（セイックラら 2019）に転換する語り手になった。ここから授業で子ども理解を深め合い，自らの指導を振り返る対話の質が高まっていった。

（4）微細なパワーの濫用への感性を磨く

　ときには，教員どうしによる「ここで『この子』（Ａさん）のつぶやきを生かせるかもしれませんね……」「『この子』（Ｂさん）が，ここでこだわって発言していることは，この授業を深める大きな可能性をもっていたかもしれませんね……」「よく見ると，周囲の何人かの子は，『この子』（Ｃさん）の発言に心が動いて，さらに深く考えようとしているように見えますよ……」と授業を振り返る問いかけが，授業で子ども理解を深める契機になることもある。

　また，ときには，授業での教師と子ども，あるいは，子どもどうしの日常的な振る舞いに内在するパワーの濫用が具体的に浮き彫りになることもある。「［あなたの発言は］さっきＡさんが言ったよ。［あなたは，他人の発言をよく聞いていなかっただろう，という隠然とした叱責］」という応答がある。あるいは，ある子どもがやっとの思いで発言した行為とその内容に対して，それを受けとめて意味づけることをせずに，「おんなじ？」「ほかには？」と受け流してしまう場合もある。ここにも，その子の存在に応答しない（無視する）という意味で，教師によるパワーの濫用が潜在している可能性がある。

（5）多様な他者が共生する社会—その主権者を育てる

　授業で「気がかりな子ども」が発信していたさまざまな不規則な言動の中に，もしかしたら，その子どもの願い（自分もみんなと一緒に学び合う輪の中に参加したいという願い）が隠れているかもしれない。それを受けとめ，その可能性を信じて応答し，そこに埋もれているかもしれない価値について，学び合いを深める文脈の中で意味づけることが，専門職としての教師の仕事である。生徒指導で気になる子どもや，さまざまな発達特性のある子どもの「手悪さ」等には，教師の独りよがりの授業展開への拒否のサインが隠れているかもしれない。また，私語の前段にある「つぶやき」の中には，教科認識の本質に迫る子どものメッセージが隠れているかもしれない。

　Ａ小学校の授業研究では，何度も記録動画を再生し，ときにはそれを授業記録としてテキストとして書き起こし，ある場面を限定して詳細に分析していった。「気がかりな子ども」が表出・表現している願いやメッセージは，教師が見ようとしなければ決して見えないものであり，見過ごしたり見落としたりすることがとても多いものである。だからこそ，できるだけ多様な視点で，これらに気づき直すことが必要になる。多くの同僚はもとより，ときには職場以外の人々（共同研究者たち）とも協働しながら，ある授業のある場面を，時間をかけて分析し合い，互いの授業を磨き合う感性と人間性を研ぎ澄ましていく必要がある。

　授業に携わる人間は，授業という虚構の世界（ある種の演劇的な舞台）の中で，子どもの生活現実と向き合い，自分の生活現実を見つめ直すという自己運動を絶えず繰り返さなければならない。Ａ小学校が，民族，宗教，国籍の多様性をもち，多様な家庭文化をもつという生活現実の中で，多様な他者と共生する感性と人間性の質を常に問い続けていた。この小学校では，複雑で厳しい社会の現実から逃げることなく，非ハラスメントの文化を創造していく主体とは何か，そのような主体をどのように育てることができるのか，ということも絶えず問い続けていた。こうした地道な取り組みの結果として，授業における生徒指導の可能性が大きく開かれていったのである。

深い学びのための課題

1. 小学校や中学校で受けた授業の中で，多様な他者と学び合って楽しかった（充実していた）という経験を振り返り，あなたがなぜそう感じたのか考えてみよう。
2. 主体的・対話的で深い学びの中で，一人ひとりの自尊感情が高まる授業をつくるためには，どのような配慮が必要か考えてみよう。

引用・参考文献

大塚茂樹（2016）『原爆にも部落差別にも負けなかった人びと—広島・小さな町の戦後史』かもがわ出版

勝野正章・庄井良信（2022）『問いからはじめる教育学』［改訂版］有斐閣

近藤卓（2015）『乳幼児期から育む自尊感情—生きる力，乗りこえる力』エイデル研究所

セイックラ，J.・アーンキル，T.著，斎藤環監訳（2019）『開かれた対話と未来—今この瞬間に他者を思いやる』医学書院

奈須正裕（2021）『個別最適な学びと協働的な学び』東洋館出版社

深澤広明・吉田成章編（2018）『学習集団づくりが描く「学びの地図」（学習集団研究の現在）』溪水社

佛圓弘修・庄井良信（1995）「セラピーネットワーク—地域民主主義をはぐくむ教師の役割」『生活指導研究』第 12 巻，26-41 頁

村井尚子（2022）『ヴァン＝マーネンの教育学』ナカニシヤ出版

文部科学省（2022）「生徒指導提要」［WEB 閲覧可］

Boddy, D.（2017）*Mind their hearts: Creating schools and homes of warm-heartedness*, John Catt Educational.

Chang, H. et al.（2012）*Collaborative Autoethnography: Developing qualitative inquiry*, Routledge.

教師は何のために理論を学ぶのか。実践経験からだけでは善き教師とはなれないのはなぜか。これは，19世紀のドイツの教育学者ヘルバルト（Herbart, J. F.）の問いである。言い換えれば，ヘルバルトは，学問としての教育学と日々の教育実践の中で蓄積されていく経験や技術との関係を問うているのである。

日常的に多忙であり，かつ，その時代に応じて新しい教育内容を教授することが求められる教育実践の現場では，人間の視野が狭められてしまう。だからこそ，普遍的理念による哲学的思慮が必要なのだとヘルバルトは答える。つまり，「思慮により，反省や探求により，学問によって，教師は準備を整えるべきである」とヘルバルトはいうのである。そこでヘルバルトは，学問としての教育学を教育の技術と区別することを要請する。

ヘルバルトにとって技術とは，ある特定の目的を実現するためにひとつにまとまって作用しなければならない技能の総体のことである。そして，「行為そのものの中でだけ技術は学ばれる」にもかかわらず，教育実践の技術への準備は学問としての教育学によって行われるとヘルバルトは述べている。

ここで述べられている「学問としての教育学」を，高名な学者や著名な実践家が提唱した教育学として捉えてはならない。既成の理論や実践の影響を受けながらも，教師一人ひとりが「自らの教育学」をもっていると深澤広明は述べている。理科の授業の実験中にフラスコが割れた場面で，何もしないで見過ごす教師，「またお前か」と怒鳴る教師，「どうしたの」と問いただす教師，「だいじょうぶ」と配慮しながら対応する教師がいる。どのように対応しても，その背景には，その教師なりの思いや考え

方が作用しており，その教師の「思想の全体」をつくり上げている定理や命題の体系として，その教師なりの「教育学」が働いている。そして，教師一人ひとりがもつ「自らの教育学」を「学問としての教育学」にまで高め，思慮深い教師となることをヘルバルトは求めているのだと深澤は述べている。

一般に，教育的タクトは，理論（学問としての教育学）と実践（教育の技術あるいは教育経験）とを媒介するものとして捉えられている。ここで留意したいのは，ヘルバルトが「タクトはすばやい判断と決定である」と述べるときに，「それは慣行のようにいつでも変わることなく一様に行われるものではない」という但し書きを添えていることである。教育的タクトは唯一絶対の誤りのない教授行為という「正解」を保証するものではない。

これらに関して，ヘルバルトの教育的タクトを教育的思慮深さと結びつけて考究しているカナダの教育学者マックス・ヴァン＝マーネンの論考を絡めて検討を深めたい。

村井尚子はヴァン＝マーネンの教育的タクト論を端的に整理して，「タクト豊かな教師は子どもの内面を解釈する敏感な感受性をもち，その内面が心理的社会的にどのような意義をもつかを解釈した上で，その時点での望ましい子どもとの距離の取り方を測りながら，子どもにとって善い行為を行うのである」と表現している。

井谷信彦によれば，ヴァン＝マーネンの教育的タクト論は，一般論や技術体系に向かって正解を探すのではなくて，偶然性をも含む複雑性の中に子どもとその子どもを取り巻く状況に向かって，子ども本人も自覚していない解釈可能性に開く契機を有している。さらに，「指導か放任か」といった理念の矛盾の中で短絡的な結論に陥らず

に耐え続けることを教育者に求めている。

　なお，教育的タクトは，技術を無意識のうちに使用できるまで習熟して体で覚えこむこととして理解されてはならない。村井がヴァン＝マーネンの論考から抽出して示唆しているように，教育的タクトを単に暗黙裡の実践知や身体知として留め置くのではなくて，教育的タクトが思慮深さを淵源とするがゆえに，認識論的あるいは存在論的な価値探究の志向性をもつものとして捉えることが重要である。言い換えれば，教育的タクトによる「咄嗟の判断」として期待されているものは，技術体系上の「正解」の選択ではなくて，その技術を使う目的を学問としての教育学によってあらかじめ教師の心の内に定めることにより，教育学的な思慮深さに起源をもつ方向性や立場性を伴う行為を選択することである。

　ここで，徳永正直が，ドイツの教育学者ヘルマン・ノールらの研究に学びながら，教育的タクトには子どもとの距離を解消することと同時に子どもとの適切な距離を保つことが含まれていると指摘していることに注目したい。ヘルバルトが生きた時代には「社会的タクト」とでもいうべき社会的な道徳規準があった。すなわちそれは，相手の心の動きとその場にふさわしい事柄を敏感に感じ取る「繊細な感情」，相手の人格を傷つけないようにする「控え目」，意図的に計画することができない「不随意性」，

あくまでも相手のためにする「無私性」，の４つの要素を含むものである。

　ともすれば華々しいオーケストラや合唱団の指揮者のタクトをモデルにして教育的タクトが語られがちである。しかしそれでは，先述した４つの要素を含むタクトの妙味が損なわれてしまう。教師による咄嗟の判断を子どもに強く指示し転写することとしてではなくて，他者としての子ども理解に基づく思慮深さに導かれながら，繊細に，控え目に，無私性を貫きながら，計画不能性や予見不能性を耐え抜く態度として，教育的タクトをイメージし直す必要がある。

　ところで，徳永は，ドイツにおいて教育的タクトが集中的に研究された1950年代を，「人間の画一性と一様性に強く抗議」する必要がある時代であり，「大衆や集団の不気味な匿名性の中で，個人の自由な主体的決断が無視され，他者に対する各個人の責任が集団に転嫁され曖昧にされる」時代であったと描写している。一方で，教育的タクトが軽視された時代の教育学では，「子どもに対する意図的計画的な働きかけとしての教育」にのみ重点が置かれて，「子どもに対する教育者の控え目な態度としてのタクトの発現や無意図的な影響」については顧慮されていないことを徳永は指摘している。現代日本の学校がスタンダード化やマニュアル志向に陥っている状況は，教育的タクトの観点から問い直されなければならない。

引用・参考文献

井谷信彦（2013）「タクトの啓発と「ありうること」への開放―ヴァン＝マーネンの省察理論と意味生成の沃野」『武庫川女子大学大学院教育学研究論集』第 8 号，1 - 8 頁

徳永正直（2004）『教育的タクト論―実践的教育学の鍵概念』ナカニシヤ出版

深澤広明（2014）「教えることの「技術」と「思想」―教育方法の原理的考察」深澤広明編『教育方法技術論』共同出版，9 - 20 頁

ヘルバルト著，高久清吉訳（1972）「最初の教育学講義」『世界の美的表現』明治図書，91 - 104 頁，訳注 132 - 133 頁，訳者解説 154 - 155 頁

村井尚子（2014）「ヴァン＝マーネンの教育的タクト論―定義と特徴」『大阪樟蔭女子大学研究紀要』第 4 巻，181 - 192 頁

第 6 章

進路指導・キャリア教育と生徒指導
―「生き方」の模索とともに歩む

はじめに

　「生徒指導提要」（2020, p.15）では，児童生徒の社会的自己実現を支える教育活動として，生徒指導とキャリア教育が位置づけられている。そして，生徒指導を進めるうえで，両者の相互作用を理解し，これらが一体となった取り組みを行うことが推奨されている。生徒の進路選択に関する学校での指導には，現在，「進路指導」と「キャリア教育」という 2 つの言葉がある。「キャリア教育」は 1990 年代の終わりに登場した用語であり，それまでは「進路指導」のみが用いられてきた。この章では，2 つの用語の成り立ちから，社会背景と進路選択に関する指導の変遷を簡潔に紹介したい。そして，生徒の「生き方」を模索する進路指導の可能性と課題について，いくつかの事例に基づいて考察する。

1　進路指導からキャリア教育へ

（1）職業指導・進学指導から主体的な進路選択の支援へ

　進路指導は 1961 年に登場した用語である。卒業後の進路に関する指導は，それまで職業指導と呼ばれていた。進路指導とは「生徒の個人資料，進路情報，啓発的経験および相談を通じて，生徒みずから，将来の進路の選択，計画をし，就職または進学して，さらにその後の生活によりよく適応し，進歩する能力を伸長するように，教師が組織的，継続的に援助する過程である。」と定義された。半世紀以上たった現在もこの定義が用いられている。進路指導は，主として中学校・高等学校に位置づけられた（文部科学省 2011）。

　しかし，職業指導との連続性があったはずの進路指導は，高度経済成長期の企業の終身雇用制と，卒業後の新卒一括採用慣行の確立により，入学試験に生

徒を合格させるための進学指導に傾斜していった。そして，中等教育全体が「学歴社会」「受験競争」に大きく巻き込まれていった。「よりよく適応し」とあるような，適応主義的な進路指導が問い直されたのは1983年に発行された文部省の『中学校・高等学校進路指導の手引（改訂版）』である。そこでは，進路指導を「生徒の一人ひとりが，自分の将来の生き方への関心を深め，自分の能力・適性等の発見と開発に努め，進路の世界への知見を広くかつ深いものとし，やがて自分の将来への展望を持ち，進路の選択・計画をし，卒業後の生活によりよく適応し，社会的・職業的自己実現を達成していくことに必要な，生徒の自己指導能力の伸長を目指す，教師の計画的，組織的，継続的な指導・援助の過程」と解説している。ここでは1970年代，80年代の自己実現理論の影響を受け，生徒が自己実現を目指し，自らの生き方について深める活動の支援という新たな視座をもって進路指導の位置づけがなされた。

　しかし，その後も依然として進路指導は進学指導に偏ったままであり，さらに受験の低年齢化，いじめ・不登校等の問題化などを受け，1990年代初め，当時の文部大臣により，進路指導の是正が求められた。業者テストへの中学校の非関与が要望され，偏差値による生徒の振り分けに帰結し，進学先のみを重視する「出口指導」的な進路指導から，自らの生き方を考えさせ，主体的な進路選択の力量を獲得させていくことを目指す方向へ，進路指導の改革が試みられた。

（2）「キャリア教育」の登場—若年雇用対策として

　以上のように1990年代前半に進学指導に偏る進路指導の改革が行われる中で，1990年代後半には「キャリア教育」という新たな用語が現れた。

　用語としての「キャリア教育」は，1999年の中央教育審議会（中教審）の答申に初めて登場した。この答申には「望ましい職業観・勤労観及び職業に関する知識や技能を身に付けさせるとともに，自己の個性を理解し，主体的に進路を選択する能力・態度を育てる教育」とあり，以前にはなかった「望ましい職業観・勤労観」という言葉が現れている。2004年の「キャリア教育の推進に

関する総合的調査研究協力者会議報告書」においても「さらに端的に言えば，児童生徒の勤労観・職業観を育てる教育」とあり，この時点でも，明らかに職業観・勤労観に焦点を当てた定義がなされている。

　勤労観・職業観などの職業意識に焦点が当てられた背景には，1990年代半ばからの進学もせず就職もしない生徒の増加，就職後3年以内の離職，ニートやフリーターなどと呼ばれる若者の雇用問題の出現がある。それらの背景に，若者の勤労意欲の「低下」や職業観・労働観の「未成熟」があるという認識のもと，「正しい職業意識」を身につけるための教育としてキャリア教育が位置づけられた。

　このようなキャリア教育は，中等教育だけでなく，小学校から発達段階に応じて実施されるものとして定義された（中央教育審議会 1999）。2005年以降，職業体験学習やインターンシップが多くの中学校・高校において導入され，キャリア教育は，進路指導改革から若年雇用対策としての色彩が一層強まった。しかし，それは職業の知識や技能を学ぶ職業教育とは異なるものとして定義され，実施されていった。

２ 現在の学校における進路指導・キャリア教育とその課題

（１）2000年以降のキャリア教育の傾向

　進路指導，キャリア教育の位置づけは，「職業生活への適応」から「進学指導」「自己実現」「主体的な進路選択の力量形成」「勤労観・職業観の育成」と移り変わってきた。2000年以降，学校における指導の傾向はどのようなものなのだろうか。

①やりたいことを早く見つける

　ひとつは，「やりたいこと」を「早く」見つける，という方向性である。

　バブル崩壊後の不景気と企業のリストラ，能力給の導入や非正規雇用の増加などにより，企業の終身雇用制は崩れていった。それに伴い，終身雇用制と卒業後の新卒一括採用という雇用慣行に支えられて成立していた，進学を軸とした進路指導の前提が揺らいだ。よい大学を卒業して安定した大企業に就職する

という，それまでの「安定した」ライフコースがなくなる中で，「やりたいこと」を見出し，それに向けた自己実現を支援するという指導の方向性が現れた。

　この「生徒の自己実現の支援」という方向性は，1990 年代前半からの進路指導改革の一環としてすでに現れていたものであり（中央教育審議会 1997），2000 年頃の保護者への調査にも現れている（全国高等学校 PTA 連合会ら 2003）。例えば，子どもの進路選択への助言として「自分が好きなことをしなさい」の回答数が 46 である一方で，「勉強しなさい」の回答数は 19 であった。ここには，勉強することよりも子どもの自己実現を優先する傾向も見られた。また「やりたいことをしなさい」の回答数が 15，「自分で決めなさい」の回答数が 15 と，子どもの意志を尊重する傾向が示されている。

　2003 年に発行された村上龍の『13 歳のハローワーク』（幻冬舎）は，職業を通した自己実現の支援という点では上の流れと共通するが，好奇心の対象（やりたいこと）を早めに探し出すことを推奨している。村上は，学校から職場へという移行の前提が失われているため，早めに自分の好奇心の対象を見出し，それにつながる職業のスキルを身につけられれば有利であると述べ，好奇心別に分類した 514 もの職業を紹介している。しかし，その人の個性や資質，その人しか持たないものは自分で探すしかないとし，選択肢だけを示す形が取られている。

　村上の「やりたいことを早めに見出す」「自分の責任で選択する」という視点は，高校の進路指導にも共通して現れている。2008 年に全国の高校の進路指導主事を対象に行われた調査では，進路指導で生徒に伝えていることとして「将来のことや職業のことを考えなさい」が 98.8％，「自分のやりたいことや向いていることを探しなさい」が 95.8％，「自分の進路なのだから自分の責任で決めなさい」が 85.7％となっている。ここからは，高校の進路指導において「早めに将来や職業のことを考え，やりたいこと，向いていることを探す」「自分の責任で決める」を求めていることが読み取れる（リクルート 2009）。

　②正社員採用を目指し，エンプロイアビリティを身につける

　2 つめは，学校在学中にエンプロイアビリティ（雇われやすさ）を身につけ

て，正規雇用としての採用を勧める，という方向性である。

　若者の自己実現が目指される一方で，1990年代前半にバブル経済が破綻し，新規学卒雇用が減少し，いわゆる就職氷河期が到来した。加えて1986年の労働者派遣法の制定と，1999年，2003年の度重なる改訂により，派遣労働の職種が拡大したことから非正規雇用が増大し，若者の正規就労は困難となった。

　その中で，主に高等教育を中心に，エンプロイアビリティ（雇われやすさ）が強調されるようになった。エンプロイアビリティは，変化する労働市場に対応して雇用機会を確保し，かつ雇用を継続できる能力である（児美川 2011）。例えば，語学力，ICTスキル，各種資格などであり，学歴取得やいわゆるコミュニケーション能力もそれにあたる。2006年のある高校での進路説明会資料には「低収入・不安定を避けて，高収入・高安定を目指すために，必死で成績を上げて進路志望を実現しましょう」と記載されていた[1]。いささか極端な例ではあるが，このように，非正規雇用の不安定さと生涯賃金の低さが強調され，安定した雇用を得られるような進学先に進むようにとの指導の傾向もみられた。

　また，社会的に望ましい進学先を推奨する背景には，安定した就職を目指して，学歴を得るという理由だけでなく，学校側の都合も存在する。その背景には，高校が進学実績によって評価される傾向が依然としてあることがある。1990年代以降，都市部においては公立高校の再編，地域では高校の統廃合による再編があり，公立高校でも国公立大学に何名合格させたかが高校の「実績」の主要なものさしとして扱われる傾向が強まった。そのため，私立大学で学びたい学部があっても国立大学を高校の教員に勧められた，望んでいない医学部を勧められたなど，本人の意思とは別に，国公立大学やより社会的に望ましい進学先を勧めるという指導も存在している。そのため，新たな「出口指導」ともいえる「より社会的に望ましい進学先の推奨」も同時に現れている。

（2）2020年前後の進路指導—その複雑化

　2000年代に入ってから，やりたいことを早めに見出し，その職業に必要なスキルや学歴を身につける，という進路指導の傾向が現れた。しかし，2020

年前後には，大学への進学方法や進学に対する価値観が多様化し，職業に必要と考えられるスキルも変化し，進路指導も複雑なものとなっている。

　背景には，高大接続改革による大学入試の多様化・複雑化がある。高大接続部会の答申により，推薦入試制度が改革され，生徒の思考力・判断力・表現力を問う「学校推薦型入試」「自己推薦型入試」が 2020 年から導入された（文部科学省高大接続システム改革会議 2016）。その動向に沿うように，2016 年から東京大学が推薦入試として，京都大学が特色入試として推薦型の入試を開始した。それに倣うように，従来推薦入試を行っていなかった国立難関大学でも推薦型の入試が開始された。それらの入試では，高校時の探究学習のプレゼンテーションと面接，現代社会の問題についてのディスカッションなどが行われ，従来の知識中心の入試と異なる内容となっている。それを受け，SSH（スーパーサイエンス・ハイスクール）や SGH（スーパーグローバル・ハイスクール）などでの探究学習の経験を用いて難関大学に合格する，従来と異なる進学ルートも登場した（髙橋 2020）。加えて，公立高校から海外の有名大学を目指して合格する生徒が現れるなど，進学のためのルートや価値観も多様になっている（山本 2020）。

　一方で，進学方法や進学ルートが多様化したことにより，高校教員の側も進学方法を把握しきれない状況が生まれている。リクルート進学総研（2017）が 2016 年に行った調査において，91.9％の高校教員が，進路指導を「難しい」と感じており，難しさを感じる要因のトップは「入試の多様化」（25.7％）であった。2021 年の大学入学共通テストの開始，2022 年から全面実施となる高校学習指導要領の改訂など相次ぐ高大接続改革により，状況は目まぐるしく変わりつつあり，進学指導において，模試などのデータや大学進学に対する情報を多くもつ民間業者への依存が強まっている。

　また，第 4 次産業革命と呼ばれるほど，コンピューターの技術革新が進み，自動翻訳技術や自動運転技術など，複雑なスキルを要する仕事も AI（人工知能）により自動化が可能となった。オックスフォード大学で AI などの研究を行うマイケル・A・オズボーン准教授は，銀行の融資担当者，レジ係などを含む多くの業種が自動化され，今後 10〜20 年程度で，アメリカの総雇用者の約

47％の仕事が自動化されるリスクがあると指摘している（Frey & Osborne 2017）。そのため，エンプロイアビリティがあるとされてきた語学力，ICT スキルも将来どの程度必要とされるか予測できず，将来の職業へ向けて必要なスキルも予測が困難となっている。

（3）子どもや若者の「主体」はどこにあるか

　以上，近年の進路指導の特徴を述べた。2000 年代に現れた「やりたいこと」を早めに見出し，その職業に必要なスキルや学歴を身につけるという進路指導も，大学への進学方法や進学に対する価値観が多様化し，職業に必要なスキルの変化により，必ずしも十分なものではなくなっている。生徒も未来が予測できず，大人や教師も未来が予測できない中で選択肢はますます増えていき，進路選択や進路指導は複雑なものとなっている。例えば，コミュニケーション力や行動力があれば多様な生き方を選べる可能性がある一方で，「自分の選択は正しいのか」「他の人がもつ情報にアクセスできていないのではないか」という不安を多くの生徒が抱えることになる。両親も教師も生徒の行き先に確信がもてない中で，自分の選択をどう行い，生きていくのか，という問いについて，他の人が提供する情報や状況に流される受け身の状態となっている。

　そのため，とりあえず進学はしたとしても，何をしてよいのかわからない，やりたいことが見つからない，「社会の厳しさ」を聞く中で，「自分は望まない労働に従事することになるのではないか」「コミュニケーション力がなく，社会でやっていけないのではないか」（佐藤 2005）という不安を，若者は絶えず抱えているのである。

　しかし，若者も生き方を模索し，切り開こうとする一人の主体である。その模索を学校でどのように支えられるだろうか。以降，3 つの事例を通して考察する。各事例は，公立学校に在籍していたり，あるいは高校を中退した経験があったりする「普通」の若者が，自身の「やりたいこと」や「職業」との関係を模索する過程の事例である。

3 聴き取りを通した職業観の問い直し

はじめに，生徒の内面において近年の進路指導はどのように立ち現れているかについて，古宇田栄子（2006）の高校の国語科でのある生徒の作文から検討する。

古宇田は高校2年生の国語科の小論文指導の中で，生徒に両親の仕事を聴くという課題を出した。ある一人の生徒，佐緒里さん（仮名）は，「もう高校2年生だから一生をかける仕事を見つけ，準備を始めないといけないのにまだ見つからない。どうしよう」というプレッシャーに押しつぶされそうになっていた。そんな折に，課題として母親の職業選択に関して聴き取りを行った。

高校卒業後に企業の事務職として勤めた母親は，就職の経緯をこう語った。

「（求人票を見て）よさそうなのがあったから，友達と（会社見学に行き）説明聴いてみて，じゃあ，ここにいってみようって思って入ったの」「そこの会社には吹奏楽団もあるらしくて，結構有名らしいから，それもいいかなと思って」

佐緒里さんは，こんな適当に就職を決めてしまってよいのだろうかと思った。吹奏楽団での活動や，社員旅行などを楽しそうに語る母親の話は聴き取りの課題にふさわしくないようにも思え，他の人に聴き直さないといけないだろうかとまで考えた。しかし，話を聴くにつれて，その考えは変わっていった。

「はじめはどうしてもこの仕事がやりたいって入ったわけではないから，一応高校も卒業しちゃったから働かなきゃみたいな感じだった。でも働くっていうのが新鮮でけっこう楽しかったね。自分がやってるのはこんなちょい役みたいなもんだけど，これでも誰かの役に立ってるんだなあと思うとどんな仕事でも達成感みたいなのがあったね。（中略）でもどんな仕事でも役に立たないものはないんだよね。OLさんが夢だからなったとゆう人はあんまりいないじゃん。やりがいがないとかちょっと思ってたんだけど，働くことの

大切さとかもだんだん実感するしね」

　佐緒里さんは，ここまでの話を聴いて，働くことや就職に関してのイメージ
がガラガラガラと音を立てて崩れていく感じがしたという。

「私はこれから，まず自分を見つめなおして，自分の本当にやりたいことや
　自分の天職を見つけ出して，その仕事につくために必要なことを学べる大学
　に入って，よく勉強したうえで必要に応じては大学院にまで行かなくてはい
　けなくて，そして入社のときに行われる面接で，その仕事に対する熱意や思
　いなどを伝えきるということを，すべてクリアしたとき，はじめて仕事がで
　きるのかなと思っていました。
　　その時まず始めに必要なやりたいこと，天職決めは今の時期こそしなくて
　はいけないことで，それがまずクリアできないと仕事なんて無理，というプ
　レッシャーや，その決定が私のこれからを左右するというプレッシャーが，
　かなり重くのしかかっていて，まったくいい仕事が見つからず，そのことを
　考えること自体もだんだん避けるようになっていきました。
　　気が抜けて悪い方向へいくわけではなく，変に張っていた緊張の糸がほぐ
　れたというか，私に悪く働きかけていたプレッシャーが一気におさまった感
　じがしました。今回のインタビューで，私は仕事や仕事選びに関するイメー
　ジががらりと変わり，何も見えなかった未来に光が当たってきたような気が
　しました。これを機に，将来のことについて正面から考えていきたいと思い
　ます。」

　以上のように佐緒里さんの作文は結ばれている。
　佐緒里さんの頭の中で崩れた「働くことや就職に関してのイメージ」とはど
のようなものだったのだろうか。それは，「自分を見つめなおして天職を見つ
ける」「必要なことを学べる大学に入る」「面接で自分の思いを伝えきる」こと
を通して初めて仕事ができる，というものだった。そのため，求人票を見て面

接に行き決めたという母親の「適当」にみえる職業選択と就職は，佐緒里さんには意外に思えた。しかし，そのように決めた OL の仕事であっても，母親は仕事を通して，社会との繋がり，やりがい，労働の意味を見出していた。それを知り，佐緒里さんの働くことのイメージは変化したのである。

佐緒里さんの不安の背後にあるのは，はじめに「やりたいこと」を見つけ，それに合わせた「学歴」や他の「エンプロイアビリティ」を身につけ，面接を通して企業に採用されるという就職のイメージである。それにはまず，自分の「やりたいこと」を見出さないとスタートラインに立てないということがプレッシャーとなり，かえって進路の模索から目を背けさせていた。

しかし，母親の話は，社会にある役割を分け持ち，社会とつながるという労働の意味と楽しさを佐緒里さんに告げた。それが「やりたいこと」を見つけねばならないという強迫から佐緒里さんを解放することになったのである。労働や仕事とは本来，社会にある役割を分け持ち，支え合う人間の自然な営みである。いま，学校から社会へという移行の装置はその営みを見えにくくしている。しかし，周囲の大人の姿や話から，労働の意味と価値に触れる可能性もあるのである。

4 職場の関係性の中で「やりたいこと」を見出す

はたして「やりたいこと」は学校にいる間に見出さないといけないのだろうか。また，佐緒里さんの職業観にはない中退，フリーターという道筋をたどった場合，それは，常に少ない収入に苦しみ，雇い止めにおびえる受け身の「負け組」の生につながるのだろうか。それに関して，テレビのドキュメンタリーに描かれた，工事現場で働くフリーターの若者の例を取り上げて考察する（NHK 2007）。

番組が焦点を当てるのは，鳶鍛冶（とびかじ）の仕事を始めて 2 か月の 18 歳の若者，一之である。髪型はモヒカン刈りで，真ん中の部分を金髪に染めている。少しイキがっているが，素朴で抜けたところがある若者である。彼は高校を中退した後，フリーターになり，ホテルマン，コンビニ，パチンコ屋と職

場を転々とした。そして，いとこの翔の紹介で2か月前に鳶鍛冶の仕事に就いた。鳶鍛冶とは，建設現場の土台となる足場づくりを行う仕事である。鉄骨を組み上げ，足場となる鉄板を針金で固定し，溶接し，足場を組み上げていく。彼はバーナーを輝かせて溶接する姿を「カッコいい」と思い，この仕事を始めた。

　建設現場には，一之より年上の大人が大勢いる。彼の仕事の評判は「まだまだですね」と同じ年の翔に全くかなわない。針金で足場を固定する際にも危険なところに体を入り込ませて注意される。溶接もなかなかさせてもらえず，しても必要な個所の半分しか溶接できていず，親方から指摘を受けやり直す日々である。親方は50代の男性であり「この仕事は腕だからね。東大出ているやつより，溶接ができるほうが上でしょう。まだまだこれから」と彼を見守っている。

　一之は母親と二人で団地に住んでいる。朝，自分で昼食弁当を作って仕事場へ行く。弁当を作る理由は「金がないから」だという。働く理由も「金がないから」という。「遊びたくないの？」との質問に対しては「遊びたいですよ。でも金がないから」という。「金があったら仕事はしないの？」との重ねての問いかけに「いや，金があっても仕事はしますよ。仕事しないとダメダメになっちゃいそうじゃないですか」「あと，ニートってなんですか？　ニートニートって。ニートって呼ばれたくないじゃないですか」と彼は答えた。

　自作の弁当の味は今一つ。料理も仕事も，すべてが半人前である。しかし，仕事は面白く，辞めようとは思わない。また，一之には新たな目標ができた。それは溶接の技術において「いとこの翔よりうまくなる」ことである。先に始めた翔のほうが技術が上なので，彼に追いつき，追い抜きたいという。また「でかい男だ」と親方を尊敬するうちに，いずれ親方になりたいと考えるようになった。そしていとこの翔とともに，切磋琢磨しながら働いている。

　一之が働く最大の理由は，生活に必要な金銭を得ることである。しかし「仕事をしないとダメダメになりそうじゃないですか。ニートって呼ばれたくない」という言葉にあるように，彼の中にはニートと揶揄されたくないという青年らしい矜持があり，働くことで自分を支えたいという自立心もあるのである。

一之は高校を中退しており，在学時点で「やりたいこと」があったわけではない。しかし，労働の場に身を置く中で，いとこへのライバル心，親方への尊敬とあこがれを通して「翔よりうまくなりたい」「親方になりたい」という「やりたいこと」が現れている。また，仕事場において仕事に必要な技量を知り，先輩の指導をもとに，経験と練習を通して技量の獲得へ向かっている。

　一之の「やりたいこと」は他者との関係性の中で現われ，仕事のスキルも必要性や他者との関係性の中で学ばれている。それは，在学中に「やりたいこと」とそれに伴う「エンプロイアビリティ」を身につけるという進路指導とは異なったあり方である。働くということは，金銭の対価として労働する行為であるが，それによって社会に参加することでもある。そして，参加した職場での関係性を通して個人の中に目標が見出され，職場の必要性に応じてスキルを身につけていく可能性もあるのである。

5 「やりたいこと」を学校で見出す―卒業研究の事例

　一之は仕事の場において「やりたいこと」を見出していた。生徒が自身の方向性や生き方を決めていくときに，「やりたいこと」はやはり手掛かりとなる。生徒はいかに「やりたいこと」を見出し，その際には何が必要となるのだろうか。高校で卒業研究に取り組んだ恵さんの事例をもとに考察する（高橋 2010）。

（1）「自分がやりたいことが見えていなかった」：テーマ設定時，高校1年2月

　恵さんの高校で行われている卒業研究は，生徒がテーマを定め1年半に渡り探究する学習である。高校1年の2月がテーマ設定，高校2年の1月が中間発表，高校3年の7月が最終提出であり，卒業要件である。テーマ設定においては，教員と相談し，3人の教員の許可が必要とされている。

　恵さんは卒業研究のテーマ設定に困っていた生徒である。恵さんはもともと卒業研究にはあまり気が進まなかった。内容はおぼろに医療関係のことをしたいと考え，将来も医療や看護の方向に進みたいと考えていた。高校1年生の2月のテーマ設定では，小児科が減少していることを知り，「小児科の減少」を

テーマとして教員への相談を始めたが，具体的でないとのことで，許可が出なかった。困って，家で新聞を見ていたところ「ホームドクター」に関する記事を見つけ，「これだ」と思い「ホームドクター」をテーマにした。

　再度教員に相談したが，「実際に研究するのは大変だよ」「資料が手に入りにくいのでは」と指摘され行き詰った。別のテーマも考え，何度も教員に相談したが，出口は見えなかった。結局締め切りの数日前に数人の教員から許可を得られ，ようやくテーマが決定した。テーマ決定が難航した要因については「自分が本当にやりたいことが見えていなかったことが一番の原因でした。苦し紛れではなかったんですよ。これをやりたいけど，どうしていいかわからなかった。」と語った。

（2）「ホームドクター」から「小児科の減少」に：高校2年4月～6月

　テーマ設定が終わった2月中旬から4月までの間に，恵さんはホームドクターの定義を調べるため本を2冊読んだ。アメリカでのホームドクター制度は日常の医療相談を受ける代わりに初めから金銭での契約関係を結ぶ制度で，患者が気軽に日常の健康状態を相談できるという恵さんのイメージと違っていた。

　そんな折の5月に，NHKで放映された番組を見た。それは北海道のへき地の町で，一人で診療を行ってきた女医のドキュメンタリーだった。高齢者が自力で診療所に通えなくなると女医が自ら往診に行っていた。その姿を見て「このような姿が本当の医者ではないか」と恵さんは考えた。特別の報酬を払われてなくても患者さんと医者の関係が成り立ち，信頼関係があるように見えた。

　番組の後に，恵さんはへき地医療に関心をもち，図書館で新聞の切抜き雑誌を調べた。するとホームドクターよりも小児科医の減少に関する記事の方が遥かに多かった。そこで，テーマを一旦小児科医の減少に変更することにした。ただ，テーマの方向性が見えない感じはずっとつきまとっていた。

（3）「少子化が小児科減少の原因なのだろうか？」：高校2年7～8月

　7月に恵さんが用事で市役所を訪ねたときに，小児医療に関するポスターが

貼られていた。ポスターから，市議会で小児科の問題が取り上げられ，審議のための資料があることがわかり，資料をもらった。それによると市では3年間に小児科医が3〜4人増えていた。しかし，県全体では小児科は減っていた。

　8月に恵さんが再度市役所を訪ねた際に，県が救急医療対策協議会を設置し，医療体制の整備を進めている旨の資料が掲示されていた。その資料を見て恵さんは，小児科でも昼間診療ではなくて夜間救急が不足しているのではないか，と考えた。少子化により小児科が減ったという短絡的な報道は事実だろうか。事実を確かめようと市役所にある国勢調査の資料から，市の過去3年間の小児科医数の変動と出生数の変動に関するグラフの作成を始めた。

　しかし，「自分はデータの作業しかできず，この研究が最終的にどこにたどり着くのかがよくわからない」「本当に自分が何をしたいのかがよくわからない。何が知りたいのかとか，目的とかが，自分の中にやっぱりまだ立ってないから，早くやりたいのに早くできない」と恵さんは不安を抱えていた。

（4）「世の中すべてお金なんですね」：高校2年9月〜1月

　恵さんは9月と10月は小児科医減少に関する意見を整理し，小児科医の定義や小児科の成立過程を図書館で調べた。12月の半ばに県庁に行き，県の医者の数と，診療所別の医者の数が記載されている資料を見つけた。また，日本の昭和40年から現在までの人口と診療科数の資料をまとめた。小児科医数と出生数の関係を調べて，丙午（ひのえうま）やベビーブームなど出生数が大きく変動する年と小児科の診療科数の増減が連動しないことがわかった。また，小さな診療所の数が，病院より10年早く減り始めていたことに恵さんは驚いた。

　1月の中間発表では，小児科の問題を取り上げた理由を初めに述べ，小児科の定義，経済的要因，人的要因，環境的要因の角度から減少の理由を考察した。中間発表での恵さんの結論は「結局世の中すべてお金なんですね」だった。小児科が減少したのは，成人の診療に比べて保険の診療点数が低く，すなわち医者の収入が低いことが最大の原因であるらしい。小児科は急患も多く大変なのに仕事に合った報酬を期待できないから，志望者が減少している。診療点数が

低いと患者の家族にとっては医療代が安くてよい一方で，医者の収入が減るという関係は理解できた。しかし，診療点数の仕組みについてはまだ納得ができていないため，もう少し調べ，自分から見た対策を考えたいとのことだった。

（5）「自分が何をしているかわからない」：高校3年の4〜6月

4月に恵さんは小児科の夜間診療を見学に行った。夜間救急はめまぐるしいイメージだったが，ひとつの診療に15分くらいの時間をかけ，丁寧に，安心できるように応対していた。男性の医者は「報酬を目的にしている小児科医の人はそんなに多くはない。自分は子どもが好きだから医者をしている」と語った。しかし，それ以上医者に何を尋ねてよいのかわからなかった。

小児科は医大生に人気がないと考えていたが，最近発見した資料では小児科は内科・外科の次で3番目に人気があった。また，小学生の子どもをもつ人は，小児科が減り困った実感はないと言っていた。小児科医の志望者は減っておらず，小児科の減少に困っている人も見当たらない。この問題は一体どうなっているのかわからない。研究の提出まで残り1か月なのに，終わるのだろうか，自分が何をしているかわからない，と恵さんは不安を抱えていた。

本当の問題は小児科医が減っていることではなく，救急車と消防庁，病院の関係や連絡など救急間の連携にあるのではないだろうか。そのために，救急車の搬送先が見つからず，たらいまわしの問題が生じているのではないだろうか。締め切りまでの残り1か月でそれに関して調べてみたいと語った。

（6）「したいことが見えてきて楽しかった」：高校3年7月，研究の提出

卒業研究の提出日，恵さんは提出時間ぎりぎりに走って現れ，教員の預かりという形での提出となった。恵さんはその後3週間かけて卒業研究を書き，完成させた。題名は「小児救急の現状」であり，7章構成で，前半は小児科と人口変動に関する資料など中間発表までの調査が中心だった。後半には小児救急医学会訪問のレポートと，救急医療の事故で子どもに障害が残った母親へのインタビューなどが掲載されていた。提出後にもかかわらず，完成まで書いた理

由について「出会った人がみな私のために何かしてくれたから，その人たちの行為が無駄にならないようにしなきゃいけないと思いました。でも小児救急学会に行ってから自分がしたいことが見えてきて楽しかったです。いろんな人に会ううちにだんだん楽しくなってきて，何をしていいかわからなかったときから変わりました」と語った。

　提出前の状況は以下のようだった。研究の締め切り1か月前に，離れた町で小児救急医学会が開催されるとの新聞記事を父親が見せてくれた。学会事務局に連絡したところ「高校生は原則的に見学できないが，来たら対応します」と言われた。恵さんが迷っていたところ，友人が「行かなかったら絶対後悔する。行ったほうがいい」と，学会の訪問を後押しした。はじめは両親にも反対されたが，最終的に両親は新幹線代を出してくれ学会を訪問することができた。

　翌朝の新幹線で小児救急医学会に行った。係の方は驚いた様子だったが，学会を案内してくれ，昼休みに大病院の院長であり，学会主催者の教授から30分ほど小児救急の現状を聞く機会を設けてくれた。特別に学会を見学し遠隔地医療のために開発されたさまざまな機器を見た。そして書籍会場で本を買った。それはインフルエンザや風邪からの急性脳症で子どもが亡くなったり障害が残ったりした子どもと家族のための自助サークル「小さないのち」の手記だった。

　学会会場で買った本の著者に，帰ってすぐに手紙を書いた。すると1週間後に返事が来た。話を聴きたいと頼むと，自分の住む町に恵さんが来るのは遠くて大変だからと，恵さんの近くに住む会員の森さんを紹介してくれた。「小さないのち」の会員である森さんに連絡し，話を聴きに行った。訪ねた理由は，小児医療問題を研究しているにもかかわらず，その渦中の人を抜かしているような気がしたためだった。しかし，恵さん自身は子育てをしたことも，その母親のように深刻な経験をしたこともない。訪ねてもよいのだろうか，思わぬ言葉で傷つけてはしまわないだろうかと心配しつつ訪ねた。

　話は幼稚園入学を控えていた森さんの娘さんのことだった。娘さんが風邪を引いたため医者に行き，薬を飲ませ自宅で休ませていたところ，ある夜容態が急変し救急車を呼んだ。救急救命士は「熱性痙攣です」と救急車の中で対応し

た。しかし森さんは熱性痙攣ではないと直感し，病院に運ぶよう頼んだ。病院に搬送したときにはすでに手遅れで，医者は「なぜもっと早く連れてこなかったんだ」と言った。その後生死の境をさまよい，5日後に回復したものの脳に重い障害を残した。元気な娘が1日にして障害児になってしまった。「なってみないとわからないでしょう」と森さんは突き放すように恵さんに言った。

　医療が充実しているはずの日本で，こんな問題が起きているのかと，恵さんは信じられなかった。また，森さんに何と言ってよいのかわからず，すまないような，泣きたいような気持ちになった。高校生の自分には社会を変えることはできないが，研究を通してこの事実を知らせることが森さんに対して自分のできることではないか，研究を行う意味なのではないかと恵さんは考えた。その1週間後に再度，小児科の夜間診療を訪問した。前回と違い，担当医師の子どもへの丁寧な声かけの様子に焦点を当てて観察を行った。

　提出後3週間をかけて卒業研究を書いたときは「何かをしようとこんなに強く思ったのは初めてだった」という。支えてくれた人のためだけではなく，小児医療の問題は自分ひとりの問題ではないという気持ちに強く突き動かされた。また，教授や「小さないのち」の人々，友人の支えを受け，深く感謝した。そして小児科医の声かけを観察して「やさしさ」ということを深く考えるようになった。傷ついた親の気持ちをわかる人が増え，行政を行う人にやさしさをもった人が増えれば，病院や診療報酬の仕組みも変わるのではないか，また，医療は善意や信頼関係がない限り成り立たないと恵さんは考えるようになった。

　そして森さんの娘さんの風邪はインフルエンザであり，適切な医療にかかれなかったため障害が残った。無事に今の自分がいるのは両親の配慮があったためだと恵さんは両親に感謝した。人は一人では生きられず，一人の人の人生はその人だけのものではないこと，周囲の人々への責任があることを痛感した。卒業研究は進路と直接の関わりはなかったが，将来医療に関する仕事をするとしても苦にはならないのではと考えた。それよりも，恵さんは接した人がみな自分にやさしくしてくれたため，自分も人にやさしくしたいと願うようになったという。

（7）心が動く関係性から生まれる問いの探索

　恵さんは確たる研究のテーマも「やりたいこと」もないまま，「ホームドクター」「小児科の減少」に関して探究を始めた。「小児科の減少」の背景に関して，「子どもの数の減少」「小児科の診療報酬の低さ」「連携の不備による小児救急のたらいまわし」へと仮説を問い直しつつ，恵さんは問題の核心に迫っていった。報酬がある契約関係であるホームドクターへの違和感，へき地の医師の患者との信頼関係，小児科の診療報酬の低さなど，医療をめぐる「報酬」と「信頼関係」も彼女の関心の中に在り続けた。しかし，新聞記事やデータの検討を行っても，それは探究への動機とはなりえず，「やりたいことがわからない」という焦りと不安を抱え続けていた。

　彼女が「やりたいこと」を見出したのは，神戸訪問後である。学会を訪問し，小児救急に関わる専門家の努力に触れたこと，救急の事故で子どもに障害を残した母親に会い，問題の重さを実感したことが，強い執筆の動機を生み出した。学会の人々，訪問を支えた友人，「小さないのち」の人々など取材に協力してくれた人々への感謝も執筆の動機となった。恵さんは後年，看護師になった。彼女の研究は高卒後の進路選択に直接関係はしていないが，医療とは何か，医者と患者の信頼関係という彼女の中にあったテーマを浮かび上がらせ，医療という職業選択につながったと推測できる。

　また，彼女が「やりたいこと」を見出した契機は，小児医療をめぐる人々の努力や矛盾，悲劇に触れ，恵さんの中で感情が大きく動く体験が生じたことであった。それは，研究の動機を生み出し，「やさしさ」をめぐる彼女自身のあり方，人の存在のあり方への考察につながっていった。「やりたいこと」を見出すためには，個人の心の中を探るだけでも，情報が蓄積されるだけでも十分ではなく，人と関わること，感情が動くような本質的な体験が必要なのではないか。また，その過程は，人生とは何か，自分とは何かということの探索にもつながる「自分探し」の過程であると考えられる。

6

関係性を豊かにする進路指導・キャリア教育

　本章では，「進路指導」「キャリア教育」の定義の検討，近年の進路指導の傾向，自身の「やりたいこと」や「職業」との関係を模索する3人の若者の事例を検討した。

　佐緒里さん，恵さんともに自分の「やりたいこと」が見つからないことが不安につながっている。学校から職場への移行が多様化し，既存の枠組みに依存できない中で，選択の基点となるのは，やはり生徒自身の「やりたいこと」となる。しかし，「やりたいこと」は生徒にも言語化できないことが多く，学校教育の中で生徒が自身の関心や方向性を見出す機会が十分には保障されていない。その中で「やりたいこと」を見つけるよう指導することは，「自分の将来ややりたいことを考えて，自分で決めなさい」という生徒への圧力となり（本田 2009），かえって生徒の心的な強迫や不安につながっている。

　3事例に共通するのは，学校外の大人との関わりが「やりたいこと」を見出したり，その強迫から解放されたりする契機となったことである。佐緒里さんは母親の話が「やりたいこと」から解放される契機となり，恵さんは，研究の過程での人々との出会い，森さんの話が研究の動機と，やさしくなりたいという願いを生む契機となっている。「やりたいこと」は他の人々との関係性を通して，目標や動機，願いとして個人の中に浮かび上がってくるものなのである。

　働くことは，基本的には労働の対価として報酬を受け取る行為であり，それを通して社会に参加する行為である。求められる技量を仕事を通して学ぶことも可能である。「やりたいこと」を見出す過程も，単に自身の好奇心・関心を見出す過程ではない。人が何を価値として生きていきたいか，人とどのような関わりをもちたいかという，生きることの模索の過程なのである。

　現在の進路指導・キャリア教育にも意味があるが，職場に入る前に「事前に」できることには限界がある。その限界を踏まえて，学校で何ができるだろうか。

　ひとつは，生徒の関係性を豊かにすることである。周囲の大人との関わりを通して労働や生きる意味を考える機会，学校外の人々と協働した活動，多様な

生き方をする人々との出会いなどが考えられる。岡崎伸二（2005）の、生徒会とラオスの交流活動を通した地域の商店街との交流と販売活動などはそのひとつである。学校行事や部活動を通した生徒どうしの仲間関係の形成も含まれるだろう。ただし、形式的でなく、生徒が参加し感情が動くような本質的な体験となることが必要である。2つめは、生徒の願いや考えが聴き取られ言語化される機会を作ることである。さまざまな要求に翻弄されがちな中で、生徒が自身の内面に焦点を当て、言語化する機会が必要となる。古宇田（2006）の聴き書きや恵さんの高校の卒業研究は、学校外の人々に出会い、その経験を考察し記述するという意味で、上の2つを含む教育実践になっている。進路指導は、生徒が自身の生き方を考え、周囲の人と関わる学習なのであり、学習指導や生徒指導とともに行われるものであるといえよう。

　本章で十分に取り上げられなかった点として、労働問題を扱う教育がある。過重労働やいわゆるブラック企業などの労働問題が存在しており、就職後もさまざまな問題を乗り越えながら生きていかねばならない（今野 2016）。現在、高校では現代社会の授業などで労働基準法や労働者の権利に関する教育が行われている（川村・角谷・井沼ら 2014）。雇用をめぐる法律や雇用の社会的状況を知る教育も今後引き続き必要と思われる。

深い学びのための課題

1. あなた自身が大学に進学する際に、参考となったアドバイス、ならなかったアドバイスを挙げてみよう。
2. あなたの両親や周囲の人々の職業は何だろうか。そのやりがいや辛さはどのようなところにあるのだろうか。話を聴いてみよう。

注
1）2006年A高校保護者向け文理コース・科目選択説明会資料より。

引用・参考文献

NHK（2007）「あしたをつかめ―平成若者仕事図鑑『ここが舞台だ！』～東京・高速道路の建設現場～」NHK 教育テレビ

岡崎伸二（2005）「進路を切り拓く「学力」を育てる国際協力と地域づくり―高知商業高校生徒会 12 年のあゆみ」『ニート・フリーターと教育』明石書店，112-139 頁

川村雅則・角谷信一・井沼淳一郎・笹山尚人・首藤広道・中嶌聡（2014）『学校で労働法・労働組合を学ぶ―ブラック企業に負けない！』きょういくネット

古宇田栄子（2006）「すべては志望理由書に集約される―自分探し，そして自分作り―」『茨城県立牛久栄進高等学校研究紀要』第 9 号，51-69 頁

児美川孝一郎（2007）『権利としてのキャリア教育』明石書店

児美川孝一郎（2011）『若者はなぜ「就職」できなくなったのか？』日本図書センター

児美川孝一郎（2015）「若年労働問題への教育現場の対応」『大原社会問題研究所雑誌』No.682，13-21 頁

今野晴貴（2016）「現代の労働問題」林尚示・伊藤秀樹編『生徒指導・進路指導―理論と方法』学文社，192-210 頁

佐藤洋作（2005）「〈不安〉を超えて〈働ける自分〉へ」佐藤洋作・平塚眞樹編著『ニート・フリーターと学力』明石書店，206-229 頁

全国高等学校 PTA 連合会・リクルートマーケティングパートナーズ（2003）「高校生と保護者の進路に関する意識調査」リクルート進学総研

髙橋亜希子（2010）「高校総合学習の学習過程に関する研究―卒業研究における学習と自己形成の関連」東京大学大学院教育学研究科博士論文（教育学）

髙橋亜希子（2020）「新高校学習指導要領と探究学習―難関大学への別ルートになりつつある探究学習」『アカデミア―人文・自然科学編』第 19 号，31-44 頁

中央教育審議会（1997）「21 世紀を展望した我が国の教育の在り方について（第二次答申）」

中央教育審議会（1999）「今後の初等中等教育と高等教育の接続の改善について（答申）」

本田由紀（2009）『教育の職業的意義』ちくま新書

村上龍（2003）『13 歳のハローワーク』幻冬舎

文部科学省（2004）「キャリア教育の推進に関する総合的調査研究協力者会議報告書～児童生徒一人一人の勤労観，職業観を育てるために～の骨子」

文部科学省高大接続システム改革会議（2016）「高大接続システム改革会議『最終報告』（平成 28 年 3 月 31 日）」

文部科学省（2011）「高等学校キャリア教育の手引き」

文部省（1983）『中学校・高等学校進路指導の手引―高等学校ホームルーム担任編（改訂版）』日本進路指導協会

山本つぼみ（2020）『あたらしい高校生―海外のトップ大学に合格した，日本の普通の女子高生の話』IBC パブリッシング

リクルート（2009）『キャリアガイダンス』No.25

リクルート進学総研（2017）「「2016 年―高校の進路指導・キャリア教育に関する調査」報告書」リクルートマーケティングパートナーズ

Frey, C. B. & Osborne, M. A.（2017）The future of employment: How susceptible are jobs to computerisation? In, *Technological Forecasting and Social Change*, Vol. 114, pp.254-280.

■コラム⑧　18歳選挙権と政治教育・シティズンシップ教育 ━━━━━━━━━━■

18歳選挙権と政治教育

　2015（平成27）年，18歳選挙権が実現した。その直接のきっかけは，憲法改正のための国民投票についての手続きを定めた国民投票法の制定であった。2007年に成立した憲法改正国民投票法は，国民投票の年齢を18歳以上としており，附則で2010年5月の施行までに必要な法制上の措置を講ずるものとしていた。

　18歳選挙権の実現が遅れたのは，18歳を「成人」（民法第4条）とすると，経済活動（消費活動）や飲酒喫煙の禁止法等，さまざまな事項に関する改正が必要となり，その是非について子ども保護の観点等，さまざまな立場からの意見が出されていたことがあった（18歳成人は，2022年4月開始になった）。

　このような経過を経て，18歳選挙権が実現したことを受け，文部科学省は，選挙の主管省である総務省とともに18歳選挙権の円滑な実施，投票率の向上を目指して，「有権者教育」を始めることになった。

　文部科学省は，1969（昭和44）年に当時の文部省が発出した「高等学校における政治的教養と政治的活動について（当時は通達）」を廃止し，2015年10月，新たに「高等学校における政治的教養の教育と高等学校等の生徒による政治的活動等について（通知）」を発出した。

　69通達は，いわゆる「学園紛争」の激しい時代であり，高校生の政治的暴走を抑止するために，高校生の政治活動を厳しく禁じたものであった。それに対して，新通知は，有権者，有権者に近くなる者としての高校生への政治教育を重視し，政治的関心・投票率の向上を目指し，政治活動への制限を大幅に緩和したものである。

　ただし，この「政治教育」は，総務省と文部科学省が作成し，全高校生に配布し，高校での使用を求めている『私たちが拓く日本の未来—有権者として求められる力を身に付けるために—』等を見ると，「有権者教育」という「選挙教育」に傾斜した狭義の性格をもつものになっていることも否めない。具体的な政治教育の内容と方法は，これから生み出されていくことになると思われる。

シティズンシップ教育と教科「道徳」「公共」

　日本では「政治教育」について，政治的中立の侵害への危惧が強く，その取り組みが長年，難しい状況にあった。そのようななか，1990年代に欧州等から日本に入ってきて，急速に広がったのが，シティズンシップ教育であった。

　シティズンシップ教育は，国民国家の機能の低下，欧州統合などの情勢の下，どのようにして政治経済的共通性・統合を維持するか，主体的に参画する市民を育てるかという課題が生まれる中で，急速に広がってきたものである。

　シティズンシップの定義は，ある一つの政治体制を構成する構成員であること，日本語では，市民性，あるいは学習指導要領等では公民的資質とされており，政治的教養・能力の形成を目指す政治教育だけに留まらない，集団活動・自治的活動，共同体への参加，文化的多様性への理解等の側面ももつものであり，生徒指導の実践を進めていくときに理解しておくべきものだといえるであろう。

　小中学校の新学習指導要領では，特別の教科「道徳」が設けられることになり，高等学校の新学習指導要領では，科目「公共」が設けられることになった。

　「道徳」は，1958（昭和33）年から特設された「道徳の時間」の蓄積の上に国を愛

する心の形成等，改正教育基本法の規定を反映した内容になった。高等学校の新科目「公共」は，主体として国家・社会の形成に参画する力を育てることを目的とするもので，いずれも政治教育としての側面をもつものになる。

この「道徳」「公共」の中では主体的に考察することや話し合うこと等が重視されており，シティズンシップ教育的な性格をもつことも考えられるが，一方で定型的な国民を育てる徳目主義的な教育になる危険性も内包している。

今後，具体的な実践モデルや実践事例が出されてくることになるが，日本の教師が避けてきた政治教育について，新教科科目の「道徳」や「公共」においても，これからの教師は正面から向き合っていくことが必要になるであろう。

「政治的中立」と政治教育

そのとき，「政治的中立」を位置づけた政治教育の指針「ボイテルスバッハ・コンセンサス」を確立しているドイツが参考になる。この「ボイテルスバッハ・コンセンサス」では，教師が子どもたちを圧倒する政治教育を禁じると同時に，学問と政治において議論のあることは，授業においても議論があることとして扱わなければならないとしている。

また，科目「シティズンシップ」の実践蓄積のあるイギリスからも学ぶことは多い。イギリスのシティズンシップ教育では，共同行動が公的な問題に与える影響について学ばせ，かつ訓練させること。その中で，能動的な市民を育てることを目標としており，政治教育に限定されない自治活動等も含めた教育が展開されている。このような諸外国の研究と実践にも学びながら，政治教育を創造していくことが今後ますます重要になってくると思われる。

引用・参考文献
クリック，B. 著，関口正司監訳（2011）『シティズンシップ教育論』法政大学出版局
小玉重夫（2016）『教育政治学を拓く―18歳選挙権の時代を見すえて』勁草書房
近藤孝弘（2005）『ドイツの政治教育―成熟した民主社会への課題』岩波書店
ビースタ，G. 著，上野正道・藤井佳世・中村（新井）清二訳（2014）『民主主義を学習する』勁草書房

■コラム⑨　キャリア発達と教育相談―どう働くかは，どう生きるかにつながる―　■

（1）職業の選択という狭い意味ではない

キャリア教育が教育現場に取り入れられて，すでに10年以上が経過している。だが，今もなお，教育現場の教師でさえ，キャリア教育と聞くと，それが，従前に使われてきた職業体験や進路指導と同じだと思っているという現実がある。キャリア教育という言葉が使われはじめた当時，日本の社会では，ニートやフリーターが増加し，買い手市場となった労働者の雇用状況が悪化していたため，大学を卒業しても定職につかないモラトリアム状態の若者が多くいた。キャリア教育が意識された背景には，このような若年層が働く社会環境の変化があった。

本来，キャリア教育は，働き方や職業の選択という狭い意味ではなく，「社会的・職業的自立」という点を強調した言葉である。文部科学省の「生徒指導提要」（2022）で，キャリア教育は，生徒指導と同様に，児童生徒の社会的自己実現を支える教育活動として位置づけられている。そして，生徒指導とキャリア教育の両者の相互作用を理解して，一体となった取り組みを行うことが大切だと強調されている。つまり，キャリア教育はキャリア発達を促す教育を意味

する言葉として再認識されているのである。

これまでキャリア教育によって育てるべきだと思われてきた「職業観・勤労観」は，仕事や職業を選択する際に役に立つかもしれない。しかし，子どもや若者が，どのように生きていくか，あるいは生きていきたいか，について考えるときに必要なのは，仕事や職業に就くことだけではない。一人の子どもや若者が，そのかけがえのない人生（ライフ）を生きていくためには，さらに幅広い力が必要である。2011（平成23）年の中央教育審議会答申「今後の学校におけるキャリア教育・職業教育の在り方について」では，「一人一人の社会的・職業的自立に向け，必要な基盤となる能力や態度を育てることを通して，キャリア発達を促す教育」をキャリア教育と定義している。また，それは，特定の活動や指導方法に限定されるものではなく，さまざまな教育活動を通して実践されると付記されている。わかりやすくいうと，一人ひとりが，社会の中で自分らしい役割を果たして活動すること，つまり「働くこと」を通じて，人や社会に関わり，その関わり方の違いが「自分らしい生き方」となっていくということである。

（2）役割を果たしてきた人生の足跡

キャリア教育の中では「役割」という考え方を大切にする。人は生涯の中でさまざまな役割を経験する過程で，自らの役割の価値や自分と役割の関係を見出していく。キャリアとは，その中での関係性とその経験が積み重なった軌跡（馬車の轍）を意味する。キャリアは人生を歩む足跡である。したがって，キャリア教育とは，ある人間が，どのような人生の足跡を，我が人生の大地に刻んできたか，そしてこれから刻んでいきたいか，という人生の根本に関わる教育なのである。これを実現するためには，社会の中で，自分の役割を果たしながら，

自分らしい生き方を実現していくキャリア発達に即し，一人ひとりの子どもや若者の人生の足跡に寄り添った教育相談を行うことが，学校現場にも望まれる（文部科学省2011）。なぜなら，このようなキャリア教育における相談支援は，子どもたちの発達段階や発達課題と深く関わりながら，遂行されるものだからである。そして，このように子どもや若者の人生の足跡に，他者としてのほどよい距離感覚をもって，（つまり，自己選択と自己決定の主体は，最終的には子どもや若者自身だという自覚をもって）寄り添う教育相談は，まず，年間計画の中で系統的に実施されなければならないものである。また，その過程の中で生じた課題への日常的・緊急的なサポートとして行うべき教育活動のひとつなのである。

（3）打って出る教育相談から

キャリア教育で果たすべき教育相談の役割とは何だろうか？　学校現場で行われる教育相談は，子どもたちがよりよく生きるために，現在から未来に目を向け，将来のよりよい自己のあり方や生き方を考える支援を行うものである。一般に，教育相談は，子どもの悩みや問題の解決がその役割と目的だと，狭義の意味でみられることがある。しかし，適切な教育相談が行われることで，問題の再発防止や社会的自立を支援するという観点に立てば，たとえ個別の教育相談という対応をしたとしても，その相談で求められるのは，自己理解や他者理解の能力，人間関係の形成能力，情報活用能力，キャリアデザイン能力，自己決定能力など総合的な支援の能力である。学校において，これらの能力は，年間計画やさまざまな活動を通して，計画的に行われ，子どもどうし，子どもと教師の人間関係づくりや子どもたちが自分の考えを表現できる雰囲気づくりなど，学年・学級経営における生徒指導の一部として位置づけることもできる。

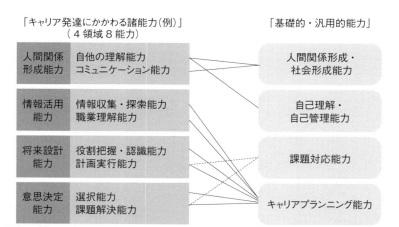

「キャリア発達にかかわる諸能力（例）」
（4領域8能力）

人間関係形成能力	自他の理解能力 コミュニケーション能力
情報活用能力	情報収集・探索能力 職業理解能力
将来設計能力	役割把握・認識能力 計画実行能力
意思決定能力	選択能力 課題解決能力

「基礎的・汎用的能力」

| 人間関係形成・社会形成能力 |
| 自己理解・自己管理能力 |
| 課題対応能力 |
| キャリアプランニング能力 |

※図中の破線は両者の関係性が相対的に見て弱いことを示している。「計画実行能力」「課題解決能力」という「ラベル」からは「課題対応能力」と密接なつながりが連想されるが，能力の説明等までを視野におさめた場合，「4領域8能力」では，「基礎的・汎用的能力」における「課題対応能力」に相当する能力について，必ずしも前面に出されてはいなかったことが分かる。

図　「4領域8能力」から「基礎的・汎用的能力」への転換

出所：文部科学省（2011）p.15

　キャリア教育としての個別の教育相談や集団への生徒指導は，授業の場面だけではなく，学校における日常的な生活（小グループや学級・学年・学校全体での日常活動）で，教師の何気ない働きかけや個別のサポートとしても行われている。先に述べたように，教育相談というと，問題をもつ子どもや保護者を対象にした活動だと思われがちだが，学校における教育活動ではあらゆる機会を通して，すべての子どもたちに生徒指導や相談活動が実践されている。いま，人間関係での問題に悩む子どもたちが多くなり，教育相談の必要性は増えている。では，学校や教師はどのような態度で，個々の子どもや集団に対してどのように関わればいいのだろうか。

　子どもへの総合的な理解を深める語り合いができると，子どもの成長や発達の過程において生じる生徒指導や教育相談の課題に共通理解ができるようになる。ただ待っているだけでは，対症療法的かかわり，場当たり的なかかわりになりがちである。先手必勝の「打って出る教育相談」としてのキャリア教育を考えるときなのではないだろうか。

（4）聴く，受け止める，対話する

　いま，さまざまな学校現場で，早ければ幼児期からのキャリア教育を通して「学ぶこと」「働くこと」「生きること」を意識し，理解していく必要性が強調されている。しかし，教師は，自分がもっている知識や経験を超えるものは，子どもに上手く伝えることができない。また，子どもにとって，自分の生き方は，他人によって決められるものではない。教育相談は，一方的な情報提供やアドバイスをするものではなく，子どもたちの心の内側に働きかけ，自発的な気持ちや「やってみたい」「やりたい」と

いう意欲につなげていく。そして生き方は，その人の可能性の分だけ存在している。

　日々の学校生活や授業，行事などを通して，その子なりに学んだことや考えたことの積み重ねがある。一人ひとり異なる積み重ねであることを意識し，まだ言葉や文章になっていない子どもたちの気づきを言語化できるようにサポートすることが，子どものキャリア発達を踏まえたキャリア教育に不可欠である。そのためには，まず教師自身が自分の生き方を語り，そして，子どもに今の思い，これからの願いを語る中で，言葉や文章にしていない自分の考えに気づくきっかけを創ることも大切である。さらに，子どもたちどうしで語り合うことで，他者の思いや考え方を知るとともに，自分自身の思いや考え方を明確にしたり，整理・再構築したりできるように支援していくことも重要である。

　生徒指導において「がんばれ」という言葉は，他人から言われる言葉ではなく，自分自身に言う言葉である。好きなことをする努力は努力とはいわない。本当に好きなら，苦労は苦労とは思わない。大好きなこと，夢中になれること，それを気づかせるかかわりをすることが教師の使命である。そのとき，はじめて子どもは自ら「がんばる」のだ。

　子どもの自立は「人生の問題」を解決することだといわれることがある。キャリア発達を通して，自分の能力を自覚し，漠とした信念のようなものが生まれる。そして，この過程の中で，ゆっくりと心が動き，「やってみたい」「やりたい」という意欲が生まれると，それが新たな行動への一歩につながる。大切なのは，子どもたち一人ひとりが，その存在そのものの中にもっているものに気がつき，教師がそれをどう引き出して（"educate"して）いくかということである。教育相談は，「聴く」「受けとめる」「対話する」ことを積極的に行うことで，子どもの自己選択や自己決定を支援する。学校現場には，こうした教育相談的なかかわりを大切にしたキャリア教育が求められているのである。

引用・参考文献

春日井敏之・渡邉照美編（2019）『教育相談（新しい教職教育講座）』ミネルヴァ書房

キャリア発達支援研究会編（2023）『『共創』多様な人が協働し，新たな価値を創造するキャリア教育（キャリア発達支援研究　9）』ジアース教育新社

日本キャリア教育学会（2020）『新版　キャリア教育概説』東洋館出版社

文部科学省（2011）『小学校キャリア教育の手引き〈改訂版〉』教育出版

文部科学省（2023）『小学校キャリア教育の手引き』実業之日本社

第7章

チームとしての学校と地域協働の生徒指導
―多職種協働を豊穣化の契機に―

はじめに

　今日，近未来の学校像として「チーム学校」という学校内外における連携・協働が重視されている。それは生徒指導においても，学校と地域の協働の中で進められる必要があるものとして構想されている。2015年12月21日に中央教育審議会は，以下の3つの答申を発表した。ひとつは「チームとしての学校の在り方と今後の改善方策について」（以下，「チームとしての学校答申」と略記）である。2つは「新しい時代の教育や地方創生の実現に向けた学校と地域の連携・協働の在り方と今後の推進方策について」（以下，「学校と地域の連携・協働答申」と略記）である。3つは「これからの学校教育を担う教員の資質能力の向上について～学び合い，高め合う教員養成コミュニティの構築に向けて～」（以下，「教員の資質能力の向上答申」と略記）である。

　さらに2016年1月25日には，2020年に向けて，2016年からの5年間において，上記の3つの答申の取り組み施策と改革工程表を明示した中央教育審議会答申「「次世代の学校・地域」創生プラン～学校と地域の一体改革による地域創生～」（以下，「学校・地域創生答申」と略記）が発表された。言うまでもなく，上記の3つの答申を具現化するためのグランドデザインとして，この「学校・地域創生答申」が出されている。

　しかし，学校内外における連携・協働を推進する学校像の必要性は，何も今始まったものではないだろう。一般的な意味では，何度となく推奨されてきたといってよい。だとすればこれらの答申は，改めて，どのような実態と背景から主張されているものなのだろうか。また，そのことを可能にする現実的な条件とその潜勢力はどこに存在しているのだろうか。さらに，それは誰が誰のた

めに，どこに向けて何をする学校の姿なのだろうか。この章では，以上の問い
を探究しながら，チームとしての学校と，地域協働の生徒指導の今後，その課
題と展望について考察したい。

1 「チームとしての学校答申」の概要─その3つの要点

さて，ここでは，3つの答申のすべてに言及する紙幅はないので，最も直接
的に本章のテーマと関連が深い「チームとしての学校答申」の趣旨とその要点
を押さえたい。そのうえで，これからの生徒指導の展望と課題について探究する。

答申は，「チームとしての学校」が求められる背景を，（1）新しい時代に求
められる資質・能力を育む教育課程を実現するための体制整備，（2）複雑
化・多様化した課題を解決するための体制整備，（3）子どもと向き合う時間
の確保などのための体制整備，としている。

（1）要点①：「社会に開かれた教育課程」を実現するための体制整備

答申では，新しい時代に求められる資質・能力を育む教育課程を実現する体
制整備のために「チームとしての学校」が求められていると指摘している。

その背景には，2012年のOECDによる生徒の学習到達度調査（PISA）の結果
が，概ね高い水準だったという事実がある。この調査で，日本は読解力・科学リ
テラシーの分野でOECD諸国中トップとなり，数学的リテラシーも同様に2
位を占めた。さらには，習熟度下位層である「レベル1以下」の層が減り，上位
層の「レベル5以上」の割合が増加していた。これらの調査の結果から，日本で
は，基礎的・基本的な知識・技能や，思考力・判断力・表現力などを含む確かな
学力を育成する取り組みが一定の成果を上げている，と判断されたのである。

その一方で，何かについて判断の根拠・理由を示して自分の意見を述べる力
や，自己肯定感・学習意欲・社会参画など，いわゆる非認知能力に属する調査
項目の結果が，OECD加盟国の中では，相対的に低い水準に留まっているこ
とも浮き彫りになった。この課題を克服し，生活環境のグローバル化や，情報
通信技術の高度化などが著しく進行する近い将来の社会において，自立した人

間どうしが他者と協働しながら，地域で新しい価値を創造するための教育課程を実現することが重要になっていた。そのことが，「チームとしての学校答申」の背景にあると指摘されている。

　それを可能にするのが，「社会に開かれた教育課程」という考え方である。それは，① 社会や世界の状況を幅広く視野に入れ，学校が教育課程を介してよりよい社会を創るという目標を社会と共有していくこと，② 子どもが，社会や世界に向き合い関わり合い，自らの人生を切り開いていくために求められる資質・能力を，教育課程において明確化し育んでいくこと，③ 教育課程の実施にあたり，地域の人的・物的資源を活用し，放課後や土曜日などを活用した社会教育との連携を図り，学校教育を学校内で閉じずに，その目指すところを社会と共有・連携しながら実現させることを含意している。

　つまり，社会に開かれた教育課程という考え方では，学校の組織や文化のあり方を見直し，コミュニティ・スクール（学校運営協議会制度）などの仕組みを活用し，学校の教員と多様な専門性や経験をもつ地域人材が連携・協働することによって，家庭や地域社会を巻き込んで，学校の教育活動を充実させることが推奨されている。また，学校教育では，その中心的な役割を果たす拠点として，学級・ホームルームが重視されている。また，答申では，新しい時代に求められる資質・能力を育む指導方法として，アクティブ・ラーニングの視点を強調し，その不断の見直しと改善の必要を訴えている。さらに，このアクティブ・ラーニングの視点は，教育課程の編成・実施・評価・改善というカリキュラム・マネジメントの確立と不可分のものとして位置づけられている。

　答申の背景となる（1）「新しい時代に求められる資質・能力を育む教育課程を実現するための体制整備」が示しているのは，「社会に開かれた教育課程」を実現するために，学校がまさに地域という社会に視野を広げながら，そこにある人的・物的資源とつながりをもち，教育課程を介して，よりよい地域社会を地域の人々とともに創り出すための「チーム学校」であり「地域協働」である，ということができる。

　では，こうした「チーム学校」「地域協働」の位置づけは，生徒指導にどう関

わってくるものだろうか。それを答申では，次の「複雑化・多様化した課題を解決するための体制整備」の課題として，より生徒指導に関連づけて展開している。

（2）要点②：「複雑化・多様化した課題」を解決するための体制整備

　ここでは，「チーム学校」「地域協働」の必要性は，次の3つの観点から整理されている。

　ひとつは，生徒指導上の課題解決のために「チームとしての学校」が必要だと主張していることである。子どもの問題行動の背景には，多くの場合，心の問題とともに，家庭・友人関係・地域・学校などのコミュニティ環境の問題が複雑に絡み合っている。そのことからスクールカウンセラー（SC）やスクールソーシャルワーカー（SSW）などの専門職を活用し，子どものアセスメントに基づくプランニングをしながら，教職員がチームとして子どもの支援を行うことが必要だと指摘されている。

　2つは，特別支援教育の充実のために「チームとしての学校」が必要だと主張していることである。その背景には，小中学校で通級による指導を受けている児童生徒や，日常的に痰の吸引や経管栄養などの「医療的ケア」を必要とする児童生徒の数が，年々増加傾向にあるという事実がある。また，通常学級に在籍する児童生徒のうち，発達障害の可能性を有し特別な教育的支援を要する割合が，約6.5%という調査結果があり，限られた子どもだけの問題ではなくなっていることもある。このような状況の中で，担任が単独で授業を行いつつ，児童生徒の個々のニーズすべてに支援を行うことは困難である。特別な教育的支援を必要とする児童生徒を，直接または間接的に支援するためには，専門性の高い職員が必要となり，高度化・複雑化した医療的ケアに対応できる看護師などが配置される必要がある。

　3つは，新たな教育課題への対応のために「チームとしての学校」が必要だと主張していることである。例えば，保護者や地域住民の期待に応えるために，土曜日の教育活動への取り組みや通学路の安全確保対策，感染症やアレルギー対策のような，新しい健康問題への対応が求められる。また，帰国・外国人児

童生徒などが増加し地域で暮らす子どもの母語の多様化が進み，国内の学校生活への円滑な適応や日本語指導など，個々の児童生徒の状況に応じたきめ細やかな指導を行うための体制整備が不可欠になっている。

このように，「チームとしての学校答申」では，生徒指導の課題に直結する，①「生徒指導上の課題解決のため」，②「特別支援教育の充実のため」，③「新たな教育課題への対応のため」という3つの観点が整理され，複雑化・多様化した課題を解決するための体制整備として「チーム学校」と「地域協働」が重要だと論究している。上記の2つの体制整備の課題は，ある意味では，今日の現実を反映しており，正当な指摘である。しかし，これらの課題は，現実に具現化可能なものになっているだろうか。この問いを探究するためには，体制整備に関する次の3つの課題が鍵を握ることになる。なぜなら，これらは，体制整備の課題を具現化するうえで欠かせない，物的・人的・財政的資源に直結するものであるからである。

（3）要点③：子どもと向き合う時間の確保などのための体制整備

ひとつは，日本の学校や教員の業務実態から「チームとしての学校」が必要だと主張していることである。2014年6月に公表されたOECD国際教員指導環境調査（TALIS）によれば，1週間当たりの勤務時間が参加国中で日本が最長であり，その内訳を見ると，授業時間は平均と同程度であるのに対し，課外活動（スポーツ・文化活動）の指導時間が長く，事務業務の時間も長いという結果になっている。つまり，日本の学校や教員の業務実態が，国際的に見ても長時間労働になっているにもかかわらず，課外や事務に追われ，本来業務を圧迫するものになっているという実態が進行していると指摘されているのである。

2つは，学校種や学校の規模による違いへの対応のために，「チームとしての学校」が必要だとしていることである。小学校は，担任の授業時間が多く，児童在校中に公務や授業準備を行うことが難しい。それに対し中学高校は，教科により担任授業時数が短くなる一方，補習や部活動に多くの時間を取られている。また，学校規模が小さくなるほど，一人の教員が多くの分掌業務を兼ね

て担わざるをえない状況がある。

　3つは，日本の学校の教職員構造から，「チームとしての学校」が必要だと
している。というのは，教職員総数に占める教員以外のスタッフの割合は，日
本が約 18 ％であるのに対して，アメリカが約 44 ％，イギリスが約 49 ％と
なっている。ここからも明らかなように，日本は，教員以外のスタッフの配置
が少ない状態にあり，教員が多くの業務を担わざるをえない事態となっている。

　続けて，チーム学校答申では，これらの事態を，次の A から D の観点から，
それぞれ見直すことが必要であると主張されている。

A）教員が行うことが期待されている本来的な業務（学習指導，生徒指導，進路
　　指導，学校行事，教材研究，学年・学級経営，校務分掌や校内委員会などに関
　　わる事務，教務事務）
B）教員に加え，専門スタッフ，地域人材などが連携することで，より効果を上
　　げることができる業務（カウンセリング，部活動指導，外国語指導，教員以外
　　の知見を入れることで学びが豊かになるキャリア教育や体験活動，地域との連
　　携推進，保護者対応）
C）教員以外の職員が連携・分担することが効果的な業務（事務業務，学校図書
　　館業務，ICT 活用支援業務）
D）多様な経験を有する地域人材などが担う業務（指導補助業務）

　こうした観点に沿って，従来業務の削減・改善が行われることで，A）「教員
が行うことが期待されている本来的な業務」に集中でき，そのことによって
B），C），D）の観点を有機的に学校の取り組みにつなげるような体制ができ
るかどうか，という点に，「チーム学校」と「多職種協働」の未来がかかって
いる。というのも，これらの課題は，まさに喫緊の課題であるが，その課題を
解決するためには，これを具現化するための物的・人的・財政的資源が確保さ
れなければならないからである。

　現状では，上述の A）から D）は，教育行政内部の構想・プランに止まっ
ていて，必ずしも財務省や政府全体の政策になっていない。それは OECD 加
盟国において日本の GDP 比の公教育費が最下位である事実に端的に示されて
いる。また，多職種協働のパートナーとなるスクールカウンセラー（SC）や，

スクールソーシャルワーカー（SSW）の多くが，非常勤であり，各地方自治体によって勤務日数や給与体系も大きく異なっている。そのため，全国均質な教育環境が児童生徒に提供されていないのが実情である。例えば，九州地域におけるSSWの間には，最大3倍もの給与格差が広がっており，多くの場合，SSWのみでは生活できない事態が続いている（西日本新聞 2017a）。

　また，チームとしての学校と地域協働の生徒指導は，現状業務の削減が実現できない限り，新たな業務を増加させる提案になる。それは，これらの推進に伴い，教師や事務職員の連絡・調整の仕事が増えていると，公立高校の校長から指摘されていることに現れている。外部人材との連携に関わって，次のように指摘されている。

　　「職員会議や日々の始業時の打ち合わせに参加しないので教職員が段取りをしないと業務できない。生徒に関する情報提供や支援策の検討，行事予定の変更連絡，活動報告書の作成支援などは教師が担う。事務職員はスタッフの採用手続きや給与・社会保険関係の事務，複数校を掛け持つ人の通勤費割り振りや所得税の特別徴収などについて他校と調整する業務が発生する。18年度の政府予算案には，こうした外部人材の活用策が教職員の負担を軽減する文脈で盛り込まれている。確かに多様な専門人材の活用によって生徒を手厚く支援することができるが，教師や事務職員の負担はむしろ増える場合が多いのである」（日本経済新聞 2018）

　また，他の量的調査では，「支援スタッフを入れれば教員の多忙が緩和されるという「チーム学校」の政策の想定は，調査のデータからは裏付けられなかった」という指摘もある（朝日新聞 2018）。こうした現状を，ただ嘆いているわけにはいかない。地方自治体の中には，例えばSSWを正規雇用にし，「「賞与や交通費，業務専用車，携帯電話が支給されるなど待遇は大幅に改善」され……「これまで不参加だった町の会議に出席が認められるなど，行政に福祉の視点を加えられるようになった」と手応えを口にした」（西日本新聞 2017b）

事例も出てきているのである。

　だからこそ，こうした改善事例を積み上げ，国レベルでの物的・人的・財政的資源の抜本的配備を，地域レベルから要求し続けることもこれからの課題である。

　以上，日本国内に絞ってチームとしての学校と地域協働の生徒指導の今後について考えてきた。しかし，今後の豊かな展望を得るためには，視野を転じて，国際的な動向に目を向けることも不可欠であろう。以下では，その一例として，イギリスのスコットランドにおける学校と地域協働・多職種協働の事例を見ておこう。

② 学校と地域との多職種協働—スコットランドの事例から

（1）ニューコミュニティースクール計画

　やや遡ることになるが，1998 年にスコットランドでは，「学業達成の引き上げ」と「社会的包摂（貧困や生活並びに学習困難にありながらも，各家族や子ども・青年が社会的絆を失わず，市民社会との関係性を有し社会参加が可能になるような社会のあり方を指す）の促進」という政府主導の 2 つの戦略をともに達成してゆくための抜本的な改革に挑んだ。その教育プランの中核として展望されてきたのが「ニューコミュニティースクール計画」であった。そのねらいを，次のように謳っている（富田 2007）。

・ニューコミュニティースクールを通じて，政府は低い学業達成の悪循環に直面している子どもたちが学力の獲得において段階的な向上を確かなものにするよう意図している。

・子どもたちの学習にとっての障壁に早期かつ効果的に介入し取り組むことは，すべての子どもたちが一人ひとりに潜在している能力を最大化するための最大限の機会をもつことを保障するだろう。

・ニューコミュニティースクールは，子どもたちの人生初期から彼らの発達と教育を通しての子どもたちと彼らの家族を支える組織的で焦点づけられたサービスによって，すべての子どもたちのニーズを明らかにし，それらを満たすような新たなアプローチを具体化するものである。

こうしたねらいを見るだけでも，学習に困難を抱え，低い学業達成の子どもやその家族に焦点を当て，底上げを図ることを通じて，同時にすべての子どものニーズに応え潜在力を最大化するための最大限の機会を提供する学校を目指していることがわかる。具体的には，① 学校教育と家族支援，さらに健康教育を統合的に提供すること，② 学習に対する積極的肯定的な態度を発展させるため，一緒にあるいは別々に生徒と親を支援するための方策をとること，③ 家族単位の学習と親子の相互交流の発展を通して，親と子がともに最良となるよう励まし，最良のものがもたらされるよう家族を単位とした支援に焦点を当てることを，その具現化の方策として示している。具体的にはどのような取り組みが行われている学校を想像すればよいのだろうか。

（2）パイロット校での取り組みから

　ここでは，スコットランドにおけるイングランドとの国境沿いのボーダーズ地域に位置していて，ナーサリー（託児所）と初等学校が併設されていた一つのコミュニティースクール（Burnfoot Community School）の実験的パイロット校を取り上げてみたい（富田 2007）。

　本校は，教育の貧困指標となる「無料学校給食」資格児童が，実に49%を占めており，いかに本校の貧困度が高いかがわかる（ちなみに2002年現在で，スコットランド平均で15.9%）。また，この地域の児童の多くは養育放棄や虐待にあっていて，地方当局からの「公的保護」を受けている児童の実に3分の1が本校に通っていたのである。当時の学校の様子は，「教師への悪態や教室や校庭での生徒間のトラブルの頻発，授業の休み時間後の子どもによる訴えとそれへの対応，さらに怒る親からの突き上げに対応するので手一杯，しかも対応に教師間で不一致があり，さらにストレスが増す」状態であったのである。

　そこであらたに派遣された校長が，管理職グループと取り組んだのは，①明確な規律確立のための取り組み，②子どもたちのクラブ創設，③保護者のためのグループづくり，④カリキュラム改革，⑤中等学校とのつながりを生み出すことなどであった。

①は，軽度からより深刻な問題行動に対する段階的な処遇と，逆にルールに則ったより模範的な行動に対し報酬を与えるものである。その際，ルールを教師集団と親と子どもにオープンに明示し学校の規律を確立しようとするものである。しかも，この取り組みにはアシスタントスタッフ（一般的な介助員と学習支援教員）・用務員・給食員・牧師・警察・ソーシャルワーカー他，70名が関わり，その状況とプロセスを会議と研修を通じて共有する取り組みとなっていった。

　②は，朝食が与えられない子どもたちを対象に学校で食事を提供しながら精神的な安定を図るための「ブレックファーストクラブ」や，地域を基盤とした初等・中等学校の生徒どうしの関係づくりや自主的な活動を行う居場所としての「ユースクラブ」を開設した。

　③は，「子育てグループ」と親の学習機会を保障するためのナーサリー（託児所）が開かれ，そこに「ソーシャルワーカー」と学校と家庭をつなぐための「ホームリンクワーカー」がこれらを支えた。つまり，学校がそうした居場所と学習支援の場を提供しつつ，そこに他職種のスタッフが配置されて学校とつながっていったのである。

　④は，語学と算数で setting（教科における到達度別授業）が導入され，担任教員を支える「アシスタントスタッフ（一般的な介助員と学習支援教員）」の配置のもと，担任はクラス全体の運営と到達度毎の学習計画に専念できる体制になった。

　⑤は，初等学校である本校ばかりでなく，中等学校にも放課後の学習を励まし合う「ホームワーククラブ」ができ，両校で連携するようになったのである。

　ここからわかるのは，以下の4つの点である。

1）まず，教員以外の多様な教育関連スタッフ，例えばアシスタントスタッフ（一般的な介助員と学習支援教員）・用務員・給食員などが，このプロジェクトに即して協働していること。
2）また，教育関連以外の多職種のスタッフ，例えば牧師・警察・ソーシャルワーカー・ホームリンクワーカーなどが連携していること。
3）その際，何について協働・連携しているかといえば，子どもたちの問題行動や規律確立にいたる，その状況とプロセスを会議と研修を通じて共有すると

う内実をもっていること。
4）さらに，子どもと保護者・地域の人々と協働して，自主的な活動（居場所と
学習支援）の場を学校が提供するとともに，逆にそうした活動によって育った
保護者・地域住民とそこに関わる教育内外のスタッフに学校が支えられるとい
う，相互支援的な関係性を打ち立てようとしていること。

さて，これは，一例に過ぎないが，地域協働・多職種協働の国際的動向の一
端に触れてきた。こうした国際的動向を知ることで，その実践的イメージを豊
かにする一助となるだろう。ただ，学校と地域協働・多職種協働をめぐる理論
的な課題の検討については，なお残されているといえるだろう。次にその課題
について考察してみたい。

3　多職種協働の中で生徒指導の価値・理念を組み替える

さて，こうしてチームとしての学校が，実際に多職種協働を実現していくた
めには，その価値・理念の突き合わせと調整・共有を欠かすことはできないだ
ろう。なぜなら，多職種というからには，異なる専門領域には異なる職能原理
が働いていることは，当然想定されなければならないからである。

（1）教育政策における「生徒指導」の価値・理念の特徴

さて，まずは教育政策における「生徒指導」の定義をあらためて確認してみ
よう。そこには教育領域における，目指すべき価値・理念が浮き彫りになるで
あろうからである。

例えば国立教育政策研究所生徒指導研究センター（2009）によると，一般的
定義として「生徒指導は，一人一人の児童生徒の個性の伸長を図りながら，同
時に社会的な資質や能力・態度を育成し，さらに将来において社会的に自己実
現ができるような資質・態度を形成していくための指導・援助である」（p.1）
とされている。また，同様な定義として「生徒指導提要」（以下，「提要」）（2010）
では，「生徒指導とは，一人一人の児童生徒の人格を尊重し，個性の伸長を図
りながら，社会的資質や行動力を高めることを目指して行われる教育活動のこ

とです。すなわち，生徒指導は，すべての児童生徒のそれぞれの人格のよりよき発達を目指すとともに，学校生活がすべての児童生徒にとって有意義で興味深く，充実したものになることを目指しています」とされる（p.1）。このような価値中立的な定義は「提要」（2022）にも見られる（第1章を参照）。

（2）スクールソーシャルワークの価値・理念の検討

他方，多職種協働で連携するパートナーの筆頭に挙げられるのが，スクールソーシャルワーク（SSW）の価値理念の下で働くスクールワーカーであろう。SSW の価値・理念について，通説的な定義ならびに役割については，以下のように記されている。

ソーシャルワークとは，国際ソーシャルワーカー連盟（IFSW）の定義によると，「ソーシャルワーク専門職は，人間の福利（ウェルビーイング）の増進を目指して，社会の変革を進め，人間関係における問題解決を図り，人びとのエンパワーメントと解放を促していく。ソーシャルワークは，人間の行動と社会システムに関する理論を利用して，人びとがその環境と相互に影響し合う接点に介入する。人権と社会正義の原理は，ソーシャルワークの拠り所とする基盤である」とされている。……中略……スクール（学校）ソーシャルワーク（以下，SSW）とは，このようなソーシャルワークを学校をベースに展開することである。たとえば，児童虐待問題に遭遇したとき，個人の価値や社会の価値に基づくと，虐待行為の悲惨さや非情さから親への批判，子供への同情に傾きがちである。あるいは非行少年に出会うと指導に力が入る。しかし，ソーシャルワークの価値に基づくと虐待者である親や非行少年の生活そのもの，周囲の状況，成り立ちのプロセスに目を向け，親の立場や非行少年の代弁も含めて援助活動を行うことになる。具体的には，なぜこのような状態になったのか，起きている現象にとらわれずに，さまざまな環境を含めて検討する。これを教員とともに考えることが重要である。

（日本社会福祉士養成校協会監修 2012, p.38）

（3）両者の価値・理念の発展的組み替え

この両者を比較検討してみると，大きな違いがあることがわかる。教育領域の「生徒指導」においては，当の生徒指導が展開される社会について，全くの価値中立的な規定，ないしはその内実が無規定なものにとどまっている。言い

換えれば，生徒指導において「社会的資質や能力・態度」「社会的に自己実現ができる」というとき，その社会が，何時のときもどんな社会でも既存の社会がほとんどそのまま前提とされていて，どのようなあるべき社会を目指すための生徒指導なのかが，必ずしも自明ではない。

それに対し，SSWにおいては，目指すべき社会の価値・理念がより具体的で明瞭である。まず，人々の人権の尊重とそれが可能となるような社会正義が行き渡った社会の創出であり，それは同時に人々の福利（ウエルビーイング）が満たされるような社会であり，その過程には無力な状態に置かれている人々をエンパワーメントし，環境によって抑圧・拘束されている状態から人々を解放するような環境と社会にするための社会変革を目指すものであるとしているのである。したがって，学校におけるソーシャルワークは，学校に関わる児童生徒とその家族，教育関連スタッフ，他職種の人々が，ともにそうした社会の実現のために「生徒指導」に関わることとなるだろう。

それだけではない。実際に児童生徒が抱える問題を，どう捉えどう働きかけるのか，その理解と実践の観点にも大いに学ぶべき点があることがわかるだろう。具体的には，多職種協働の中で生徒指導の価値・理念の捉え直しには，実践的な理解と実践の観点をめぐって，以下の4点が求められるといえる。

① 児童・生徒を取り囲む環境とそこで本人自身が生み出している生活の事実とその成り立ちから，彼ら彼女らの生活課題とニーズを教育に即して明らかにし，それらを校内外のスタッフで共有すること。

② また，その生活課題とニーズを，彼ら彼女らがとり結ぶ人間関係の網の目の中で生じているものとして捉えること。

③ したがって，多職種協働の中での生徒指導は，児童・生徒個人にのみ焦点づけられた指導ではなく，彼ら彼女らの環境と生活の事実への介入・調整と，人間関係の網の目の結節点を明らかにし，そこに向けて多職種が介入・調整することを意味することになるだろう。つまり，環境と生活の事実ならびに人間関係の網の目の調整と，児童・生徒個人の言動の改善を共に切り離さず，同時的に追求していくものであること。

④ さらに，こうした生徒指導は，「生まれながらにして人々には平等に人権が
あり，その観点から個々人の人権が尊重され，そしてそれを可能にする社会
正義が実現されるような社会」を創造するためにこそ行われているという，
その目指すべき価値・理念がしっかりと共有される必要があるということ。

4 学校と地域協働・多職種協働を生徒指導の豊穣化の契機に

以上みてきたように，「チームとしての学校と地域協働の生徒指導」の方向
性は，教育領域内の価値・理念に狭く閉じられていた従来の「生徒指導」を豊
穣化してゆく可能性があることがわかるだろう。

ひとつは，国際的な動向に見られるように，教員以外の教育内外のスタッフ
が厚く張りめぐらされている学校と地域のあり方に学び，両者の相互支援的関
係を生み出す契機となることが展望されることである。

2つには，多職種協働の中で生じる異なる専門職種の価値・理念との葛藤と
相互共有を通じて，従来の学校・教師の生徒指導のあり方を対象化・相対化し
てゆく可能性を有している。とくに，既存の社会を前提として，そこに「適応」
させることばかりが「生徒指導」であるかのようなあり方を，人権と正義に基
づく社会を生み出すために，児童生徒の生活における拘束・抑圧を生み出して
いる環境と本人の接点に介入し，環境を変革することと個々人の潜勢力を社会
的に発揮できるようエンパワーメントすることで，彼ら彼女らを新たな広がり
のある世界や進路に解放していく方向性をもつことを可能にしていくだろう。

それは「生徒指導」を包み込む学校文化全体について言い換えれば，「チー
ム学校と地域協働・多職種協働」は，従前の学校文化に沿ってあらかじめ設定
された方針に，地域資源や専門家の人的資源を総動員していくということでは
ないだろう。そうではなく，多職種協働の中で生じる異なる専門職種の価値・
理念との葛藤と相互共有を通じて，従前の学校文化とその既定の方針そのもの
を組み換え豊穣化させてゆくものであるはずである。

近年大阪や神奈川をはじめとして広がりを見せている「高校内居場所カ
フェ」の展開は，その証左だろう。実際，横浜の高校で月数回の飲食を窓口と

したカフェのスタッフである「公益財団法人よこはまユース」の一人は，若者支援・キャリア支援を行っている地域の専門家として，その変化を次のように実感していると述べている。

　　外部の若者支援団体が運営し，カフェのスタッフとして高校生の話を聞き，相談を受け，支援につなぎます。……「学校」と「支援の場」をつなぐために始まったカフェが，……"まちの空間"に似た，雑多な，人が行き交う空間になっているのを感じます。さらに，教職員が主体となり，……カフェでのキャリア講座や漁業・農業就業体験を実施するなど，高校での「学び」自体が地域や社会に開かれ，高校生が現実の人や体験と出会い，自ら学び育つ機会が生み出されていることも，カフェを一つの契機として学校が「ひらかれた」事例であると思います。(尾崎 2021, p.75)

　つまり「チーム学校と地域協働・多職種協働」が本物となっていくならば，必ずや従前の学校文化とその既定の方針そのものを組み換え豊穣化させてゆくものとなっていくだろうということなのである。
　３つには，何より生徒指導の実践の内実を，児童生徒の理解のあり方と実践の観点を明瞭にしていく方向で発展させる可能性を有していることである。すなわち，第1に児童・生徒を取り囲む環境とそこで本人自身が生み出している生活の事実とその成り立ちから，彼ら彼女らの生活課題とニーズを教育に即して明らかにし，第2にその生活課題とニーズから求められる，個人を対象にするのではなく彼ら彼女らの環境と生活の事実に介入・調整するという観点と，人間関係の網の目の結節点を明らかにする視点を重視していくことである。
　最後に，「チームとしての学校と地域協働の生徒指導」を真に具現化していくためにも，国レベルで学校に物的・人的・財政的資源を十全に配備する抜本的改革が不可欠である。そのためにも，地方自治体レベルでの改善事例から学ぶことは多々あるはずである。この観点を改めて強調しておきたい。

引用・参考文献

朝日新聞（2018）「「チーム学校」，先生の負担減らせる？　大学教授ら調査　支援スタッフ増加…でもまだ多忙」2018年5月15日

居場所カフェ立ち上げプロジェクト（2019）『学校に居場所カフェをつくろう！　一生きづらさを抱える高校生への寄り添い型支援』明石書店

尾崎万里奈（2021）「高校内居場所カフェ「ようこそカフェ」の実践から，地域にひらかれた子ども・若者支援を考える」社会教育全国協議会『月刊社会教育』2021年11月号，74-5頁

国立教育政策研究所生徒指導研究センター（2009）「生徒指導資料第1集（改訂版）　生徒指導上の諸問題の推移とこれからの生徒指導～データに見る生徒指導の課題と展望～（平成21年3月）」

末富芳編著（2017）『子どもの貧困対策と教育支援』明石書店

中央教育審議会（2015）「チームとしての学校の在り方と今後の改善方策について（答申）」

中央教育審議会（2015）「新しい時代の教育や地方創生の実現に向けた学校と地域の連携・協働の在り方と今後の推進方策について（答申）」

中央教育審議会（2015）「これからの学校教育を担う教員の資質能力の向上について～学び合い，高め合う教員育成コミュニティの構築に向けて～（答申）」

中央教育審議会（2016）「「次世代の学校・地域」創生プラン～学校と地域の一体改革による地域創生～（答申）」

富田充保（2007）「スコットランドにおける「学校からの排除」問題に対する政策上の争点と実践的格闘」日本生活指導学会『生活指導研究　24』エイデル研究所，82-96頁

西日本新聞（2017a）「給与の格差最大3倍　スクールソーシャルワーカー　賞与，交通費もばらつき」2017年12月28日

西日本新聞（2017b）「「町に必要」正規採用も　SSW待遇格差　非正規大半兼務多く　活動継続へ雇用安定必要」2017年12月28日

日本経済新聞（2018）「埼玉県立所沢高校校長　曽根一男「学校の働き方改革に欠けた視点」」2018年3月16日

日本社会福祉士養成校協会監修，門田光司他編集（2012）『スクール［学校］ソーシャルワーク論』中央法規

平塚眞樹編，若者支援とユースワーク研究会著（2023）『ユースワークとしての若者支援—場をつくる・場を描く』大月書店

文部科学省（2022）「生徒指導提要」［WEB閲覧可］

（1）地方創生で注目される子ども・若者

　若者が地域から見えなくなったといわれて久しい。学校と地域のつながりが希薄化するより早く，地域の中の子ども・若者組織（子ども会，青年団など）が消失しつつある。とくに高校進学以降は，公立私立の区別なく，地域の子どもが地元の学校に通う事例は多くない。現在，子ども・若者の多くが，いわゆる学校や家庭以外の「居場所」や人間関係に触れることなく，社会に出ているのが現状である。

　一方で，今後加速する人口減少時代における市町村のサバイバル（生き残り）ともいえる地方創生政策へのシフトチェンジが完了段階に入っている。とくに過疎地域自立促進特別措置法の期限切れを 2020 年度末に迎え，それに代わる新制度の議論では，これまでの過疎自治体の財政を支えていた過疎債の発行に相当の制限がかかるといわれ，いよいよ経済的，財政的にたちゆかない市町村の淘汰が現実のものとなりつつある。

　このような危機感のもと，多くの人口減少自治体が，限られた財源や人をひねり出しながら，子育て支援施策や学童保育，学習支援の拡充を急ピッチですすめている。その一方で，日本の人口は 2021 年 10 月現在，直近 1 年間で外国人を除くと約 60 万人減少し，大都市部への人口集中も止まる気配はない。

　このように，子ども・若者を次世代の地域を担う者として歓迎したい市町村行政で，子ども・若者の地域参画が注目されつつある。地方創生総合戦略の一つのモデルとされている北海道浦幌町の「うらほろスタイル」では，5 つの事業によって地元の子どもたちの地域への学び，参加，定着が目指されている。

　総合的な学習の時間で「地域への愛着を育む事業」「農村つながり体験事業」に参加し，地域について小中 9 年間かけて体験を交えて学び，中学卒業前に町民へ発表したまちづくりへの提言を町の大人たちが実現する「子どもの想い実現事業」につなげている。この事業を契機にその中学校を卒業した高校生たちが「浦幌部」を結成し，大人たちと後輩の提言を実現する側に回るようになり「高校生つながり発展事業」を展開している。

　なお，「浦幌部」には地域おこし協力隊，北海道教育大学釧路校の学生がサポートに入っている。これらを通じて地域で暮らし続けたいと望む若者への仕事場の確保を「若者のしごと創造事業」で目指している。なお，この町の高校は 2010 年に閉校しているが，高校生が地域づくりの担い手になる経験によって次世代の定着を図るしくみとしてつくりあげつつある好例といえる。地方創生という国策レベルからも子ども・若者の地域への学びと参画が実践的に求められているといえる。

（2）地域づくりに寄与する特別活動・部活動

　先述の「浦幌部」であるが，地元の高校が残っていればきっと部活動になっていたのだろう。ただ，学校と地域がつながる特別活動・部活動としては，生徒会（執行部）やボランティア部による地域清掃や福祉活動というイメージが一般的である。学校と地域のつながりが高校では限定的になりがちであるが，戦後の高校拡充施策により，小学区制（学区内の高校は 1 校）から大学区制になったことが大きな要因である。その結果，市区町村の枠を超え多くの生徒が違う地域の学校に通うことが珍しくなくなった。

　大学区が「偏差値」によって輪切りになる中で，小規模自治体の高校であっても他

市町村からの通学割合が多く，地元の中学からはほとんど進学がないということも珍しくない。したがって，生徒と地域住民の日常的な接点はかろうじて通学ぐらいしか見出せないということになる。この時間の出会いがあまりよくないと，高校が迷惑施設扱いされるということにもなりかねない。高校の生徒指導にあたっては，この通学指導が，地域との信頼関係を決めるのが実情である。多くの教師が，この地域との信頼関係を維持しようと，通学マナーを指導するために，通学時間帯から交代で当番にあたるということになる。確かに社会に出て迷惑をかけないようマナーを徹底されることは，高校における重要な生徒指導であるのも事実である。

　一方で，高校生を地域づくりのパートナーとして住民と関係を深めた事例もある。長野県上田市にある私立の上田西高等学校では，中心部から現在地への学校移転にあたり，先述の通学マナーの指導に取り組んでいる。本校は，移転前には地域の信頼・評価を勝ち得るために学校祭の公開を１万人（上田市の人口の一割）の集客で成功させようと生徒と教職員が一丸となって取り組み，8000人近い来客で成功させた実績があった。移転後，従来であれば個別指導を徹底すべき「通学路問題」を，生徒たちが自ら地域にアプローチし，信頼関係を勝ちとる取り組みで解決しようとしたのである。具体的には，最寄り駅である西上田駅の南口設置という地域の要求を住民とともに行動し，実現するという地域づくりへの参画に真正面から取り組もうとしたのである。

　そのために，地域の窓口をつくるところから担当教師は奔走した。西上田駅近隣のいくつかの自治会に話をもっていき，色よい反応を得られた会長を窓口にするところまではお膳立てをした。一方，生徒側はあえて生徒会役員とは切り離し，地域づくり

のためのグループを立ち上げた。それを「D-Project」（Dプロ）と命名し，まずは南口がないことの不便がいかばかりかという調査を始めるべく地域に繰り出した。Dプロの生徒たちは，先述の自治会長の助言を得ながら，生徒たちは住民たちから話を聞いて回った。

　Dプロの生徒たちはこれらの調査から，南口設置についての要求を確信する一方で，自分たちの通学マナーについて学校全体で取り組まなくてはいけない危機感を実感したのである。その後，この調査を受け生徒会は総会を開き，通学マナー改善と南口設置要求の決議をし，生徒一人ひとりが地域の声に向き合ったのである。その後，Dプロは住民たちとともに上田市に南口設置を要請し，その実現を約束させた。今度は，行政を交えての三者で南口の設計について話し合いを重ね，三者の協働で設計された広場を軸に，学校を交えた地域の交流の場を重視した南口がつくられたのであった。その後，完成記念式典以降年１回の交流イベント「緑のフェスティバル」では，Dプロと生徒会が中心的な役割をはたし，Dプロ自体は，星を見る会，クリスマスイルミネーションなど地域活性化に貢献する部活動として定着したのである。現在でも地域外からの通学が圧倒的多数ではあるものの，上田西高生は地域の一員として，Dプロが窓口となり，実質的に地域の一翼を担っているのである。

（3）地域からも求められる「参加・参画」の生徒指導

　学校と地域の関係は，小規模自治体を中心に地域の存続がかかっているなか，次代を担う子ども・若者の参画を地域が求めるというベクトルが強くなり始めている。現行学習指導要領から「社会に開かれた教育課程」の実現に向け，より一層，学校と地域の連携・協働が政策的に求められている。

また，近年の全国学力・学習状況調査の質問紙調査からも，小中学生の地域への興味関心は薄れるどころか，少しずつ増加していることが明らかになっている。

　生徒指導では，社会性の涵養は常に主要な課題となっているが，地域の要請の変化からも「迷惑をかけない」従来の指導から，児童生徒の「参加」と「参画」の視点で学校外の大人たちとも多く出会わせることは，児童生徒および地域住民双方の未来の可能性を拡げ，学校と地域の関係を深め，双方の教育力を高める最善策になるといえるだろう。

引用・参考文献

上田西高等学校ホームページ　https://www.uedanishi.ed.jp/（2023 年 2 月 7 日最終閲覧）

うらほろスタイル　https://www.urahoro-style.jp/（2023 年 2 月 7 日最終閲覧）

国立教育政策研究所「全国学力・学習状況調査ホームページ」
　https://www.nier.go.jp/kaihatsu/zenkokugakuryoku.html（2023 年 2 月 7 日最終閲覧）

宮下与兵衛編（2014）『地域を変える高校生たち』かもがわ出版

第 8 章

生徒指導の未来像─オントロジーと「弱さ」の哲学─

はじめに

　改訂された「生徒指導提要」（2022）では，前半，その目的・定義と実践の構造，教育相談やキャリア教育との関係，多様性と包摂性を一体化した実践の構想が描かれ，後半，具体的な事例に応じた児童生徒理解とその指導の指針が記されている。そこには，デジタル社会における生徒指導上の課題（ネットやSNS上のトラブルなど）や，性の多様性への理解と支援などの現代的課題も記述されている。これらの課題を深く理解するために，この章では，近未来の生徒指導で探究されているオントロジーと「弱さ」の哲学について，具体的な事例を示しながら考察したい。

1　研究の軌跡としてのオートエスノグラフィ

（1）生徒指導のフィールドワーク

　1990年代に，私は，ある地域の教育委員会から委託を受け，小学校の授業や生徒指導に関する相談支援活動（ピア・コンサルテーション）に，8年間継続して従事していた。当時，その地域（学区）で暮らす人々の生活はとても複雑であった。その地域で暮らす子どもたちも，一人で抱えるには重たすぎる不安や葛藤を，自分のランドセル一杯に詰め込んで登校していた。

　この小学校で働く教師が，日々の生徒指導で抱える悩みや不安も深かった。教師たちはもちろんのこと，そこにスクール・コンサルタントとして伴走させていただいた私にとっても，その8年間は，「答えのない問い」に曝され続ける日々であった。しかし，幸いなことに，この学校の教師たちの職場には，教師としての仕事や人生を，互いに理解し合い，支え合い，励まし合う風土が，

時間をかけて醸成されていた。生徒指導や授業づくりで極めて厳しい状況に日々，困惑し，苦労しているにもかかわらず（いや，そうであるからこそ）そこで働く教師たちの関係性には，温かく，希望を育み合う雰囲気があった。それは，学校という職場内部で育まれた同僚性と，その地域に開かれた同僚性が，教育現場において，美しいハーモニーを奏でているようにみえた。

　その学校では，放課後に，複雑な生活背景から多様なニーズをもつ子どもの理解を深め合うために，日々の出来事を語り合うカンファレンスが行われていた。その場は，職員室ではなく保健室だった。保健室に集まった教師たちは，ひとしきり，（ときには涙ながらに）さまざまな子どものリアルな生活と学びの姿を語り合っていた。一人の教師の語りを同僚の教師たちが，丁寧に聴きとっていた。この放課後のカンファレンスでは，一人の教師が経験した語り（ナラティブ）を，決して責め合うことなく，丁寧に聴き合っていた。

　聴き合いが終わった頃，おずおずと語り合いが始まった。一連の語り合いが終わった後で，ようやく明日の実践（授業や生徒指導）をどうするかという未来志向の語り合いが始まった。それは，穏やかだが深いリアリティのある語り合いの場であった。もちろん語られた出来事に緊急な対応を要する（危機介入が必要な）場合は，校長や教頭（管理職）の了解とマネジメントの下に，すぐに地域の医療機関や心理や福祉の専門職の人々と連携することもあった。

　今振り返ると，このような教師どうしの経験の語り合いは，今日，さまざまな分野で注目されているオープンダイアローグの様相を呈していた。いま推奨されている「チーム学校」における同僚性（collegiality）は，この学校のように「開かれた対話」モードの語り合いの中で醸成されていたのではないだろうか。

（2）臨床教育学の研究支援

　2002 年から 2020 年まで，北海道教育大学大学院の学校臨床心理専攻で働く大学教員として，私が最も大切にしたのは，大学院で学ぶ学生（院生）の一回性の声を聴きとることであった。尊厳ある他者の声を，丁寧に「聴きとり・聴

きとられる」という経験なしに，かけがえのない自己の根源的問いや，それに
連なる研究主題をかたどっていくことは難しいと考えたからである。

　もとより，大学院で学ぶ学生（院生）が，自己の揺れ動く感情に触れ，そこ
で気づきつつある研究上の問いを紡いでいくことは難しい。教育実践を対象化
し，それを理論や概念の世界へ開いていくことは，決して容易ではない。研究
指導教員から一方的に付与されることもなく，巧妙に誘掖されることもなく，
自己の琴線に触れる問いを発見し，それをある学術的な研究テーマへと結晶さ
せていく過程は，大学院生にとっては，深い葛藤を伴う情動体験のプロセスに
ならざるをえない。

　現場を生きる教師や発達援助者には，その当事者として，時々刻々と実感を
もって感覚している複雑な世界がある。多くの人々は，その一回性の体験が，
学術研究という文脈の中でどのように位置づくのかを探し求めて大学院に入学
する。その大学院生の声を虚心坦懐に聴きとりながら，大学教員としての私は，
教育現場の「言葉のジャンル」で語られた体験から，教育学的に意義のある枠
組みを抽出し，それを学術研究の「言葉のジャンル」へと翻訳し，問いかけ続
けた。それは，研究者が探索的に提示した予備的概念を「足場」にして，教育
学的に意義のある建物（作品）を構築し合うスキャッフォールディング（scaf-
folding）に喩えることもできる。

　ある中堅のA教諭は，このようなプロセスで進められた修士論文の構想と
執筆のときの内的体験を，次のように語った。

　「この研究室に入ると，何かホッとする。ここで私の話を一緒に考えて下
　さると，自分の周りに保護された空間というか，周りの雑音がすっと消えて，
　一緒に話している事柄の世界に入れるというか……集中力がぐっと高まって
　行く。その空間の中で，職場では浮かばなかったことが，「こんな言葉や視
　点で考えてみたらどうだろう」と言われたことによって，ふっと思いが浮か
　んできたりする。私にとっては，これがすごい体験だったと思います」

古来，大学のゼミナールは，教える者と学ぶ者，あるいは，学び合う者どうしが，知的探究の物語を紡ぎ合う場であった。人類は，数万年にわたって，日々の経験を，自分の言葉で語り合う共同体で暮らしていた。これを口承文芸学者のリューティ（Lüthi, M.）は，物語共同体と表現した（リューティ 1997）。その共同体を淵源にもつ学び合いは，授業または講義という非日常的な空間で，演じる者（教員）と観る者（学生）とが，いったん立場を分かち合い，やがて相互の〈実存的身体〉を響き合わせ，新たな「知」を求めて舞踊し，互いの人生の意味（物語）を紡ぎ合う舞台のような場であった（ボヌフォア 2002）。

　いま，私は，藤女子大学人間生活学部の子ども教育学科と，大学院人間生活学研究科で，子ども教育学と臨床教育学を研究している。それは，現代哲学・教育思想の深奥を極め，今日の具体的でリアルな実践に即して，希望の物語を紡ぐ学問である。私が探求したい臨床教育学は，一人ひとりの子どもの人生を，存在そのものとして，強さも弱さもまるごと承認し，そのケアと育みの叡智を探究する学問である。以下，この学問の視座から，生徒指導の未来像について素描してみたい。

2 生徒指導実践のグランドデザイン

（1）失敗という意味体験

　象徴的な表現になるが，いま，激しい嵐に見舞われながら，その中を懸命に生きている子どもたちがいる。そのような子どもたちの生徒指導において，私たちに何が求められているのだろうか。それは，風雨に戦いを挑む生き様を応援することだろうか。それとも風雨から逃れ続ける生き様を支援することだろうか。それとも，風雨の中を後ずさりしながらも，凛とした姿勢で（ときには「弱さ」を抱えた自分も受け容れながら）未来へ歩む生き様に寄り添い歩むことだろうか。

　いま，痛みを「被る」体験を生きる子どもが多い。ここでいう「被る」体験とは，自分の意志だけではどうすることもできない現実を，自分の身体と精神で感受する情動体験のことである。もとより，子どもたちは，その生活の中で

172

幸せであることを願っている。教師も，子どもの幸せを願っている。しかし，今日の複雑な社会状況の中で厳しい生活現実に直面し，その辛さや悲しさを抱えながら生きざるをえない子どもも少なくない。その姿は，切なく見えることもあるが，尊厳に満ちて見えることもある。

　多くの場合，失敗は，子どもにとっても，つらい体験である。祈るような想いで願ったことが上手くいかなかったとき，人は失敗したと感じる。失敗に直面すると，だれもが暗澹たる気持ちになる。それは，ときには，内臓に深く突き刺さるような身体感覚になることもある。失敗という体験と時間をかけて向き合うことは決して容易なことではない。

　しかし，失敗に伴う情動の揺れは，人間が，よりよく生きたいと願うからこそ生まれる体験である。失敗を体験する中で，子どもは，あらゆる関係を問い直しながら編み直していく。自己と対象世界との関係を編み直し，自己と他者との関係を編み直し，自己と自己との関係をも編み直していく。その意味で，失敗は，子どもの学びと成長に欠かすことのできない体験である。

（２）レジリエンスの原義

　いま，生徒指導の分野でも，心のケアと育みの世界でも，レジリエンスという言葉が注目されるようになった。『オックスフォード現代英英辞典　第10版』によると，レジリエンス（resilience）の語源は，「跳ねるようにして，再び元に戻った状態になること」を意味している。この原義が，心理学では困難な状況から回復する能力として注目され，社会学や生態学では，有機的な構造の「復元力」として注目されるようになった。

　レジリエンスという言葉の原義は，「降り積もる雪にたわむ木の枝」を想像するとわかりやすい。自分が「強い」木の枝だと思い込み，「弱さ」を受け容れられない木の枝は，ときに重い雪に負けまいと頑張りすぎて折れてしまうことがある。一方，竹の枝のように，自分の「弱さ」を受け容れている木の枝は，降り積もる雪にしなやかにたわみながら，はらはらと雪を払い落とし，折れることなく自己を回復する。自分の「弱さ」を受け容れられずに，「こんな雪に

負けてたまるか！」と強がる木の枝はもろく折れやすい。しかし「ああ，雪だな…重たいな…これ以上は無理だな…」と，自分の「弱さ」を受け容れている竹の枝は，しなやかに自己を保ちながら，その原型をたおやかに復元する力をもっている。

（3）たおやかな強さ

　人間の「強さ」には，「弱さ」を排除する「強さ」と，「弱さ」を受容する「強さ」がある。そうだとすれば，これからの時代を生きる子どもたちに育むべき「強さ」は，どちらのベクトルをもつ「強さ」だろうか。このことを私たちは，立ち止まって考えてみる必要があるのではないだろうか。文部科学省の「情動の科学的解明と教育等への応用に関する調査研究協力者会議審議のまとめ」では，「ストレス場面から心理的に回復する能力」をレジリエンスと捉え，心理学や教育学の重要な研究課題として位置づけている。この「まとめ」で指摘されているのは，「ストレス場面から心理的に回復する能力」としてのレジリエンスは，絶対に折れまいと強がる強さとしてのハーディネス（hardiness）ではないということである。

　失敗せずに成功し続けることで，レジリエンスが高まるとは限らない。完璧な成功を求めるがゆえに，失敗を過剰に恐れてしまう子どもの中には，ハーディネスは高いが，レジリエンスが低い子どもがいる。一方，安心できる環境で失敗に立ち止まり，それを信頼できる他者とともに語り合う経験を通してレジリエンスを高めている子どももいる。そうだとすれば，失敗という意味体験を信頼できる他者と共有することで育まれるたおやかな強さを育むことこそが，近未来の生徒指導に求められているのではないだろうか。

（4）グリット（やり抜く力）の根幹

　もとより，子どもたちの体験の中には，目標をもってがんばって，それを粘り強く達成していく成功体験もある。これを積み重ねていくことを通してGRIT（グリット：やり抜く力）が高まるという考え方もある。願いをもって生

きること，それを叶えるために見通しをもって生きること，その達成を喜び合って生きることは，人間の幸せのひとつの重要な構成要素である。これを「獲得的な幸せ」と呼ぶこともある。しかし，人間の生活には，目標やめあてをもって努力を重ねても，それが容易には叶わないことがある。がんばれば何とかなると思っていても，結果としてどうにもならない現実を受け容れなければならないときもある。

　むしろ，子どもの場合は，自分の意志では操作できない外的環境の変化に心を揺さぶられ，その場に思わず立ち尽くさざるをえないことの方が多い。そのときの内的な経験を，心理学者のヴィゴツキー（Vygotsky, L. S.）は，心的情動体験（perezhivanie）と呼んだ。そして，このような情動体験を誰かと分かち合い，新しい意味を創造する経験こそが，人間の学びと育ちの根幹になると考えた（Fleer et al. 2017）。

　今日，子どもが不安を抱えてしんどいときに，信頼できる他者からそっと寄り添ってもらい，その痛みや切なさを分かち合える場は，どこにあるのだろうか。子どもが育ちの中で思わず抱えざるをえなかった辛さや切なさを，あるがままに受けとめ，それを聴き合い，語り合い，穏やかな希望をつむぎ合える場は，いったいどこにあるのだろうか。

3　オントロジカル・ウェルビーイング

（1）「弱さ」の哲学

　近年，教育の世界で，ウェルビーイング（well-being）という言葉を耳にする機会が増えた。ウェルビーイングという言葉を，そのまま翻訳すれば，「良い／善い（ウェル）＋存在（ビーイング）」という意味である。良い／善い存在という原義から，幸せ，健康，良好な適応状態など，さまざまに訳されることも多い。このウェルビーイングという言葉には，ウェル（良さ／善さ）とは何か，という問いと，ビーイング（ひとりの人間が他者と共に在ること／居ること）とは何かという問いが，相互に深く関連しながら含まれている。

　ある人間がドゥーイングとして，何を為したか，何の役にたったか，という

ことよりも，その人間が，他者との関係性の中で，尊厳ある存在（ビーイング）として，いかに意味づけられたのか，という関心が，ウェルビーイングという言葉に込められている。子どもの生徒指導をウェルビーイングという視座で捉えるということは，子どもの存在（他者との関係の中に在ることと居ること）そのものを無条件に承認し，それを慈しみ，尊厳あるものとして大切にしていくということを意味している。

つまり，生徒指導におけるウェルビーイングの探求は，子どもを「強さ」も「弱さ」もあわせもつ存在そのものとして「良い／善い」（ウェル）状態とは何か，という問いを前提にしている。これを支えているのが存在論（オントロジー：ontology）の哲学である。例えば，子ども理解（児童生徒理解）において，「この子にはいろいろな課題はあるけれども，さまざまな人々とかかわりが生まれると，なかなかたいしたものだ（立派なものだ）！」ということに気づけると，生徒指導の実践に深い奥行きが生まれることがある。このように，他者とのかかわり合いの中で，ある子どもの存在の尊厳に触れ，その豊かさに驚き，その未来への可能性に希望が生まれる経験を，臨床教育学では，教師と子どもの「出会い直し」という。

（2）存在論的な問い

遡ると，ウェルビーイングという言葉は，身体的，精神的，社会的に「良好な状態である」ことを意味していた。1948 年の WHO（世界保健機関）の憲章前文では「健康とは，病気ではないとか，弱っていないということではなく，肉体的にも，精神的にも，そして社会的にも，すべてが満たされた状態にあること」をウェルビーイングという言葉で表現していた。はじめは，保健医療，看護，あるいは社会福祉の分野で使われていたこの言葉が，いま，経済，ビジネス，環境など，幅広い分野で使われるようになり，教育の分野でも使われるようになってきた。

そもそも教育の原義は，子どもの尊厳ある人生をケアし，そこに寄り添いながら，文化や社会への参加を支援することである。人間の子どもは，他者との

応答を絶たれ，ひとりで放置されたままでは，生きることも育つこともできない「弱さ」をもっている。他の人間によってケアされなければ，いのちを維持することもできなければ，その子どもの中に眠り込んでいる可能性を開花させることもできない。

　その「弱さ」ゆえに，人々がつながり合って，その存在をまるごと愛おしみ，育み合う叡智が生まれた。それが教育学になり，教育の哲学になった。「教育は何のためか」と問われれば，一人ひとりの子どもの人生を，存在（ビーイング）そのものとして承認し，その育ちに寄り添い，文化や社会への参加を励ましていくためだと考えることができる。これが教育学の眼差しである。そこにはケアの眼差しと育みの眼差しが分かちがたく結びついている。ケアのマインドセットがないところに教育は成立しない。ケアを軽視したウェルビーイングの向上や促進は，砂上の楼閣である。

（3）慈悲深さと寛容さ

　オランダの霊長類行動学者，フランス・ドゥ・ヴァール（Frans de Waal）は，人間性（ヒューマニティ）の原義を，ラテン語のヒューメイン（慈悲深く寛容である）という視点から捉え直している。苦しみや悲しみを抱いている他者と「痛み」を分かち合い，人道的なケアを遂行する志向性が，現代を生きる人間のゲノムの中に深く刻み込まれているという指摘は興味深い。私たちの遠い祖先が，空腹に苦しんでいる他者と出会ったとき，たった一切れのパンを分かち合ったことで人間（ヒューマン）として生き延びることができたのではないかという学説が，人類学者の研究によって明らかになってきている（ヴァール 2010）。

　子どもが「あのね，あのね……」「えっとね，えっとね……」と，もじもじしながら何かを語ろうとしている姿を見て，微笑ましく思うことがある。自分の想いを上手く言葉にできなくて，じっと沈黙したまま，身体や眼差しで語りかけてくる子どもの姿が愛おしく感じることもある。もとより大人に余裕がないときや，焦って時間がないときは，おずおずとした子どもの姿や，何も語らない子どもの姿を見て，思わず，「何が言いたいの？」とか「早く言いなさ

い！」と言いながら，子どもが言いたいこと（表現したいこと）を急がせてしまうこともあるかもしれない。

　しかし，目の前の（傍らにいる）子どもが，いま何かを言いたいのだろうと感じたとき，私たち大人は，その子どものメッセージを想像し，その子どもに身を寄せて，それをじっと聴きとろうとすることもある。ときには，大人の方から「こうなのかな？」「ああなのかな？」と，助け船（スキャッフォールディング）を出しながら，子どものメッセージに積極的に応答することもある。それは，まるで0歳の乳児が泣いたときに，誰かがそっと抱き上げて，大人の身体と子どもの身体を響き合わせ，リズムを取って静かに揺らし，「どうしたのかな？」「お腹がすいたのかな？」「おしめが濡れちゃったのかな？」と問いかけている姿とも重なる。このように子どもの自己表現を「待つ」ひとときも，近未来の生徒指導像の一つである。

4　遊び合いから自己調整能力の涵養へ

（1）自己と環境—その「間」に揺蕩う経験

　幼い子どもが，つかまり立ちを始め，自らの力で立ち上がろうとするとき，その瞬間をヒヤヒヤしながらじっと見守ることがある。立ち上がれるかな，立ち上がれないかな，立ち上がれるといいな，と思いながら，その揺れる子どもの姿をあたたかな眼差しで見つめ，どうか自分で立ち上がれますようにと祈る思いで見守るときもある。幼い子どもは，立ち上がったと思ったら，ペタンとしりもちをつく。私たちは，多くの場合このように，何度もしりもちをつき，揺れながら成長しようとする子どもの姿を，微笑みをもって見守り，励ましながら，子どもが自ら立ち上がる「そのとき」を信じて待つ。

　子どもが初めて竹馬で遊び始めるときも，一輪車で遊び始めるときも，同じである。幼い子どもは，おずおずと自分の周りにあるモノやヒトに触れながら探る活動（探索遊び）を始める。やがて竹を馬に見立て合う遊び（象徴遊び）を始める。そしてルールを伴った「ごっこ遊び」を楽しむようになる。子どもが，ふと心が動く世界に接し，自らの心の琴線に触れ，自ら「ああしてみよ

う」「こうしてみよう」と見通しをもって活動し，上手くいかない経験も繰り返し，やがて何かを成し遂げる経験もする。

　このような遊び合いの中で，子どもは，絶えず自己と環境の「調整」を試みている。自発的な遊び合いの中で，子どもは，自己が環境を意のままに（万能感をもって）統制できないことに気づく。逆に，自己を環境に（過度に）順応させることもできないことに気づく。そして，自己と環境を響き合わせるように調整する感覚（センス）を学んでいる。

（2）芸術＝演劇表現活動

　フィンランドの教育学者，ハッカライネン（Hakkarainen, P.）は，遊び合い（joint-play）は，その後の知的探究活動の核心を形成すると指摘している。そして，このような他者との遊び合いの中で，子どもの自己調整能力の基盤が形成され，それがその後の探究的な学習活動の動機を涵養すると指摘している（Hakkarainen et al. 2015）。それは，近未来の生徒指導も同じである。「生徒指導提要」（2022）では，これを自己指導能力という言葉で捉え，生徒指導の究極の目標の一つとして位置づけている。日常の生徒指導では，自分の情動と向き合い，自分で自分の心の舵を取る（自己調整する）能力を形成することが生徒指導の重要な目標として位置づけられているのである。

　「答えのない」世界と出会ったときに求められているのが自己調整能力である。それは，周りの世界を完全に統制する能力ではない。周りの世界に自分を過剰に順応させる能力でもない。そうではなくて，生徒指導において涵養されるべき子どもの自己調整能力は，自分と周りの世界との境界（エッジ）に生まれる「新たな可能性」を探索し，自分の「弱さ」を受け容れ，信頼できる他者とともに未来へ歩み続ける能力なのである。

　いま，コロナ禍を経て，多くの人々が，予測困難な社会の中で「答えのない問い」に直面し，身体の奥深くまで染み入るような不安を経験しながら，懸命に生きている。その意味で，日々答えのない問いと対峙して，そこに応答し続ける自己調整能力の涵養は，いまを，そして近未来を生きる子どもたちにとっ

て，極めて重要な教育課題である。Society 5.0 を見据え，いま非認知能力も注目されている。その構成要素の一つが自己調整能力である。子どもの語りを聴き，対話の中で新たな物語を創造し合う経験は，この能力の源泉である。このような経験を実感できるような場を創り合う実践が，これからの時代の生徒指導に求められている。

引用・参考文献

ヴァール，F. D. 著，柴田裕之訳（2010）『共感の時代へ—動物行動学が教えてくれること』紀伊國屋書店

勝野正章・庄井良信（2022）『問いからはじめる教育学（改訂版）』有斐閣

小林剛・皇紀夫・田中孝彦編（2002）『臨床教育学序説』柏書房

斎藤環（2015）『オープンダイアローグとは何か』医学書院

庄井良信（2008）「現職教員と構築し合う臨床教育学—北海道教育大学・学校臨床心理専攻の大学院生とともに」田中孝彦・森博俊・庄井良信編『創造現場の臨床教育学—教師像の問い直しと教師教育の改革のために』明石書店

ノディングズ，N. 著，立山善康・清水重樹・新茂之・林泰成・宮崎宏志訳（1997）『ケアリング—倫理と道徳の教育 女性の観点から』晃洋書房

藤原成一（2020）『「よりよい生存」ウェルビーイング学入門（生存科学叢書）』日本評論社

ボヌフォワ，I. 著，阿部良雄監訳（2002）『ありそうもないこと—存在の詩学』現代思潮新社

リューティ，M. 著，高木昌史訳（1997）『メルヘンへの誘い』法政大学出版局

鷲田清一（2012）『語りきれないこと—危機と傷みの哲学』角川学芸出版

Bruner, J. S. (1990) *Acts of meaning*, Cambridge, MA: Harvard University Press.

Clandinin, D. J. (2013) *Engaging in narrative inquiry*, London: Routledge.

Fleer, M., González, R. F., & Veresov, N. Eds. (2017) *Perezhivanie, emotions and subjectivity: Advancing Vygotsky's legacy*, Springer.

Hakkarainen, P., & Bredikyte, M. (2015) How play creates the zone of proximal development, In S. Robson & S. F. Quinn Eds., *The Routledge international handbook of young children's thinking and understanding*, New York: Routledge, 31-42.

Vasiliuk, F. Y. (1991) *The psychology of experiencing: The resolution of life's critical situations*, New York: Harvester Wheatsheaf.

Wallon, H. (1993) *Les origines du caractère chez l'enfant. Les préludes du sentiment de personnalité,* Paris: Presses Universitaires de France. (1 a ed., 1934).

おわりに

羽を休めて希望を紡ぐ

　春になると，私の職場に近い水田に，数百羽の白鳥が飛来する。これから春のシベリアへ渡るのだろうか。おのおのが羽を休めて，お腹を満たしながら，鳴き合ったり，語り合ったりしている。なかには，子どもの白鳥もいる。多くの親鳥に見守られながら，おずおずと羽ばたく練習をしている若い白鳥の姿を見ていると，とても愛しく感じる。

　やがて北の国へと渡る白鳥の親子は，ここまで羽ばたき続けた苦労をねぎらい合うかのように，いたわり合って，羽を休めている。白鳥の親子にとって，このひとときはとても意味深い。羽ばたき続けていると，心もからだも疲れ切ってしまう。羽を休め，疲れた心とからだをいたわり合う場を失った白鳥は，シベリアへ渡ることを夢見ることさえできなくなってしまうかもしれない。

　この白鳥の姿は，生徒指導を担当する教師たちの姿と重なる。いま，日本の社会では，早く，効率よく，失敗することなく成果をあげ続けないと，生徒だけでなく，同僚や保護者からも見放されてしまうのではないか，という不安を抱きやすい。こうした社会状況を生きていると，教師は，常に全力で羽ばたき続けていなければならない。羽ばたき続けなければならない日々が続くと，どんな教師でも，心とからだが疲弊する。

　いま，生徒指導において語りつくせない想いを胸いっぱいに抱え，厳しい現実に立ち尽くす日々を過ごしている教師が少なくない。「自分がもっといい教師だったら……」と深くため息をつき，ときに眠れない日々を送っている教師も多いのではないか。そもそも，子ども（生徒）のかけがえのない存在そのものに寄り添い，伴走していく生徒指導は，密度の濃い対人関係である。その中で，悩み，不安になり，思わず立ち止まることは自然である。むしろそれは，生徒指導を担う教師として，誠実（honest）に生きている証しである。

寄り添って待つということ

　子どもの中で揺れる情動が，身体化しても，行動化しても，それを信頼でき
る他者と分かち合うことができないと，他者や自己への破壊的な攻撃性に転化
し，危機的な状況を生み出してしまうことがある。社会心理学者のフロム
（Fromm, E. S.）が指摘してるように，自己と環境とのあらゆる適応の試みが挫
折した後に，深い絶望とともに，破壊的な攻撃性が高まる。

　著しい攻撃性を抱え込んでしまった子どもの中には，「信じられるのは先生
だけだ」といって涙を見せたかと思うと，「何もかも信じられない，先生も信
じられない」と，激しい怒りで攻撃してくる子どももいる。あわてた教師が
「先生だけは信じてほしい」と伝えても，それを激しく拒絶する子どももいる。
このような子どもは，他者や世界への基本的な信頼感を著しく傷つけられてい
る可能性が高い。精神病理学者のパトナム（Putnam, F. W.）は，次のようなこ
とを指摘している。

　このような子どもに「私はあなたを信じているから，あなたも私を信じなさ
い」と，教師から子どもに「信頼」を強要すると，子どもの情動を不安定にし，
ときに激しい攻撃性を誘発してしまう。世界への基本的な信頼や愛着を傷つけ
られている子どもであればあるほど，教師と子どもとの信頼は，ゆっくりと時
間をかけて，相互探索的に醸成されなければならない。他性（alterity）として
の存在そのものを慈しみながら，目の前の子どもの自己決定を，程よい距離感
覚をもって「待つ」ことが，生徒指導にとって重要な意味をもつことも多い。

　生徒指導において質の高い指導とは何か。子ども理解を深め合う教育相談と
生徒指導の可能性はどこにあるのか。それを学級づくりや授業づくりでどう実
現できるのか。生徒指導と進路指導，キャリア教育の未来はどこにあるのか。
さらには，地域協働・多職種協働の生徒指導とは何か。こうした生徒指導の未
来は，子どものウェルビーイングの促進や，「弱さ」の哲学とどのように繋
がっているのか。これらの問いについて具体的なエピソード記録や，豊かな実
践記録を例示しながら探究したのが，本書である。

　2022 年 12 月 6 日に文部科学省から「生徒指導提要」（Web 版）が公開され，

新しい時代の生徒指導への関心も急速に高まっている。本書は，教育学や心理学の古典と，最新の教育実践が織りなす「温故知新」のテキストである。かけがえのない子どもの人生に寄り添い，子ども理解を大切にした生徒指導を実践したいと願う学生や現職教師の皆さんに活用していただければ幸いである。

　謝辞
　最後に，コロナ禍で厳しい毎日と多忙な日程のなか，本書にご寄稿くださった著者の皆様にお礼申し上げます。そして，長い時間をかけて，本書の刊行まで出版と編集の労を執っていただいた学文社に衷心より感謝申し上げます。

2023 年 3 月

編者　庄井　良信

索　引

[編集代表]
山﨑 準二（やまざき じゅんじ） 学習院大学教授
高野 和子（たかの かずこ） 明治大学教授

[編著者]
庄井 良信（しょうい よしのぶ）
藤女子大学人間生活学部・大学院人間生活学研究科教授
広島大学大学院教育学研究科博士後期課程単位取得退学，博士（教育学）
広島大学教育学部助手，県立広島女子大学准教授，フィンランド・ヘルシンキ大学在外研究員，
　北海道教育大学大学院教授，東京大学大学院非常勤講師を経て，現職。
〈主要著書等〉
著書 『いのちのケアと育み―臨床教育学のまなざし』（単著，かもがわ出版，2014 年）
　　 『ヴィゴツキーの情動理論の教育学的展開に関する研究』（単著，風間書房，2013 年）
　　 『自分の弱さをいとおしむ―臨床教育学へのいざない』（単著，高文研，2004 年）
　　 『癒しと励ましの臨床教育学』（単著，かもがわ出版，2002 年）
　　 『問いからはじめる教育学』［改訂版］（共著，有斐閣，2022 年）
　　 『これからの教職論―教職課程コアカリキュラム対応で基礎から学ぶ』（共著，ナカニシヤ出
　　 版，2022 年）
　　 『教育相談』（共著，ミネルヴァ書房，2019 年） 他
編著・訳書
　　 『学びのファンタジア―「臨床教育学」の新しい地平へ』（編著，溪水社，1995 年）
　　 『創造現場の臨床教育学―教師像の問い直しと教師教育の改革のために』（共編著，明石書店，
　　 2008 年）
　　 『フィンランドに学ぶ教育と学力』（共編著，明石書店，2005 年）
　　 ユリア・エンゲストローム『拡張による学習―活動理論からのアプローチ』（共訳，新曜社，
　　 1999 年） 他

未来の教育を創る教職教養指針　第 10 巻
生 徒 指 導

2023 年 4 月 15 日　第 1 版第 1 刷発行

　　　　　　　　　　　　　　　　　　編著者　　庄井 良信

発行者　田 中 千 津 子　　〒153-0064　東京都目黒区下目黒 3-6-1
　　　　　　　　　　　　　電話　03（3715）1501 代
発行所　株式 学 文 社　　FAX　03（3715）2012
　　　　会社　　　　　　　https://www.gakubunsha.com

© Jyunji YAMAZAKI／Kazuko TAKANO　2023
　　　　　　　　　　　　　　　　　　印刷　亜細亜印刷
乱丁・落丁の場合は本社でお取替えします。
定価は売上カード，カバーに表示。

ISBN 978-4-7620-2843-4